Paul Schlenther

Botho von Hülsen und seine Leute

Paul Schlenther

Botho von Hülsen und seine Leute

ISBN/EAN: 9783743350762

Hergestellt in Europa, USA, Kanada, Australien, Japan

Cover: Foto ©ninafisch / pixelio.de

Manufactured and distributed by brebook publishing software (www.brebook.com)

Paul Schlenther

Botho von Hülsen und seine Leute

Botho von Hülsen
und
seine Leute.

Eine Jubiläumskritik

über

das Berliner Hofschauspiel

von

Paul Schlenther,
Dr. phil.

Zweite Auflage.
(Mit einer Vorbemerkung.)

Berlin 1883.
Internationale Buchhandlung
(J. Gerstmann).

Alle Rechte vorbehalten.

Vorbemerkung zur zweiten Auflage.

Abgesehen von der Berichtigung mehrerer Druckfehler erscheint diese Schrift in derselben Gestalt, in welcher sie vor zehn Tagen zum erstenmale veröffentlicht wurde. Zu Aenderungen des Wortlautes und des Sinnes habe ich weder formelle noch sachliche Gründe gefunden.

Man hat mir egoistische Motive untergeschoben und ich machte die Erfahrung, daß man mich meistens mit eigenem Maße zu messen suchte. Klatschsüchtige warfen mir Skandalsucht vor, und die Offiziösen der Generalintendantur brachten mich in eine verläumderische Beziehung zu anderen Bühneninstituten.

Mein Ziel steht etwas höher: irgendwo im Deutschen Reiche sollen sich zwei Dutzend Bretter zusammenfügen, auf denen die große Dichtung der Vergangenheit und die dramatische Production der Gegenwart in reinster und formvollendetster Gestaltung hervortrete; da zum Hofhalte des deutschen Kaisers ein Schauspielhaus gehört, so ist für mich jeder Zweifel über Ort und Lage dieser Bretter ausgeschlossen; das Ehrenrecht der Hauptstadt verlangt, daß die Berliner Hofbühne von keinem Theater Deutschlands künstlerisch erreicht oder gar übertroffen werde. Auf dieses Ziel wollte ich nicht mit allgemeinen Reden über das Ideale hinweisen, sondern indem ich es wagte, durch Tatsachen und Personen die Wirklichkeit sprechen zu lassen, wie sie ist, wie sie sein müßte und wie sie nicht sein sollte. Den dramaturgischen Grundsätzen der gegenwärtigen Berliner Generalintendantur stellte ich meine Ansicht entgegen und fürchtete in maßgebenden Kreisen viel mehr auf Gleichgültigkeit, als auf persönliche Gereiztheit zu stoßen.

Je weniger man mich sachlich widerlegen konnte, desto häufiger warf man mir Mangel an Takt und Zartgefühl vor. Solche Rücksichten aber im Kampfe um die Sache der Kunst entgegen zu führen, ist Philistermoral, welche die Wahrheit an Stunde und Ort bindet und sie nur durch Hintertüren, nicht auch durch Ehrenpforten willkommen heißt.

Man hat viel von meiner unberühmten Jugendlichkeit gesprochen. Die Unberühmtheit erkenne ich an. Die Jugendlichkeit wird wol überschätzt. Allerdings liegt meine Studentenzeit nicht so fern, daß ich schon vergessen hätte, was uns das freie Burschenlied in die Seele sang:

Wer die Wahrheit kennet und sagt sie nicht,
Der ist fürwahr ein erbärmlicher Wicht.

Berlin, den 30. August 1883.

P. H.

> Jede Form, auch die gefühlteste hat etwas Unwahres, allein sie ist ein für allemal das Glas, wodurch wir die heiligen Strahlen der verbreiteten Natur an das Herz der Menschen zum Feuerblick sammeln. Aber das Glas! Wem's nicht gegeben ist, wird's nicht erjagen; es ist wie der geheimnisvolle Stein der Alchymisten, Gefäß und Materie, Feuer und Kühlbad, so einfach, daß es vor allen Türen liegt, und so ein wunderbar Ding, daß just die Leute die es besitzen, meist keinen Gebrauch davon machen können.   Goethe.

Den nachfolgenden Betrachtungen gibt der gegenwärtige Zeitpunkt einen doppelten Anlaß. Zwei Ereignisse stehen bevor, von welchen das eine einen Rückblick in die Vergangenheit, das andre einen Ausblick in die Zukunft des Theaterlebens der Reichshauptstadt wirft.

Anfangs September begeht der Generalintendant der Königlichen Schauspiele, Herr von Hülsen, sein fünfzigjähriges Dienstjubiläum; er hat seinem Könige in Ehren gedient, 18 Jahre lang als Soldat, seit 1851 als Chef der Königlichen Bühnen, und er hat von seinem Standpunkte Recht, diese Jahre zusammenzuzählen, da er auch als Bühnenchef niemals aufhörte, vor allem Soldat zu sein.

Vier Wochen später beginnt das Deutsche Theater unter der Leitung von Adolf L'Arronge die Vorstellungen, und mit diesem Unternehmen tritt gegen die Königlichen Schauspiele zum erstenmale ein ernsthafter Nebenbuhler auf.

An kleineren Rivalen fehlte es schon früher nicht. Sowol das Residenztheater wie das Wallnertheater sah goldene Zeiten, aber dort war Repertoir und Künstlerpersonal klein und eng umgrenzt wie das zierliche Häuschen selbst, und hier war mit dem Verfalle der Berliner Posse der eigentliche Lebensnerv dieser volkstümlichen Bühne durchschnitten; tüchtige Lustspielkräfte welche man einige Jahre hindurch heranzog, konnten dem Berliner Sonntagspublikum seinen Helmerding so wenig, wie Mosersche Schwänke seinen Kalisch ersetzen; an eine Concurrenz mit Döring und der Frieb war vollends nicht zu denken.

Gefährlichere Feinde des Hoftheaters zogen, so sonderbar es klingt, von Zeit zu Zeit vor die Tore der Residenz, draußen auf die Vorstadtbühnen. Wenn Herr Barnay im Nationaltheater oder Herr Friedmann im Ostendtheater in klassischen Stücken auftrat, welche auf dem Repertoir des Schauspielhauses stehen, so reiste man wolgemut sogar in dreifacher Droschkentour dorthin, um inmitten provinzieller Unbedeutendheit des Ganzen den einen Stern leuchten zu sehen; ja, man konnte in der Hofloge sogar kunstsinnige Mitglieder des Königlichen Hauses entdecken, welche sich daheim nicht ganz behaglich zu fühlen schienen.

Vor denselben Toren der Stadt haben zu einer Zeit wo am Schillerplatz die Heroinennot groß war, auch Frau Ellmenreich und Fräulein Frank als engagementslose Gäste den jubelnden Beifall des Publikums geerntet. Niemandem fiel es ein, daß diese bewunderten Künstler eigentlich ins Centrum der Hauptstadt gehören und daß es für die vornehmste Bühne Deutschlands kein schmeichelhaftes Zeugnis ist, wenn ihrem Ganzen ein Einzelner die Spitze bieten kann. In Wien findet ein solcher Einzelner nur Gehör, wenn er Salvini oder Rossi, Coquelin oder Booth heißt, wenn sich also eine fremde Nationalität mit der Bühnenkunst des Burgtheaters vergleichungshalber zu messen sucht. In Berlin dagegen ladet man die Kunst aus nächster Nähe zu Gast, heute aus Hamburg, morgen aus Dresden, und wenn sie vollends aus Meiningen kommt, so kann Schillers Wallenstein mit Hilfe der Pappenheimer ein vierwöchentliches Dasein fristen. Man rühmt die Gäste, aber anstatt sie festzuhalten, läßt man sie ziehen. Man hat ja selbst seinen Max und seine Thekla, und wenn man sie auch nicht sehen will, so hat man sie doch, und wenn man sie nicht hat, so findet sich von Zeit zu Zeit zum Schrecken der Recensenten immer noch ein minniger Held oder ein heldenhafter Vater, der den ehrgeizigen Drang spürt zum Hofschauspieler zu avanciren.

Selbst dem letzten Hintermann steht die Aussicht offen, durch Ausdauer und gute Führung allmählich ins erste Glied zu kommen, denn avanciren gehört zu den leitenden Grundsätzen des militärischen Generalintendanten. Es wird von unten nach oben aufgerückt. Einschub ist nicht erwünscht. Die Kapellmeister der Königlichen Oper steigen aus den Abgründen des Orchesters auf den Dirigentensitz, der Direktor des Königlichen Schauspieles ist ein Mann der früher als Geist von Hamlets Vater oder als schweigsamer Würdenträger durch sein Zwickauerorgan auffiel, der Nachlaß Dörings geht auf Herrn Oberländer über, und in Frieb-Blumauerschen Charakteren wird man dermaleinst Fräulein Stollberg oder Fräulein Bergmann würdigen können. Das ist es, was Herr von Hülsen zum „geregelten Dienstverhältnis" rechnet, auf dessen Einführung in die königlichen Theater er so stolz ist und in welches sich seinem eigenen schriftlichen Zeugnisse nach alle neu hinzutretenden Elemente einzuleben haben. Wie

Herr von Hülsen selbst erzählt, hat er sein Amt einstmals mit „einer soldatischen Anrede" übernommen, durch sein „straff soldatisches Wesen" bei den Künstlern Anstoß erregt, die Proben „etwas soldatisch angefaßt" und allenthalben als „ein stramm ins Zeug gehender, den alten Schlendrian beseitigen wollender jüngerer Mann" Alte und Junge das Gruseln gelehrt.

So war sehr bald das geregelte Dienstverhältnis festgestellt, welches seit dreißig Jahren bis heute besteht, für die äußere Bühnenverwaltung und die moralische Disciplin der Schauspieler manches Gute eingebracht hat, aber der künstlerischen Bedeutung des Kunstinstituts zum wenigsten nichts nützen konnte, denn durch militärische Mannszucht bildet man keine schauspielerischen Naturen aus und durch Apellblasen läßt sich kein volles Drama auf den Platz rufen.

Selbst im Spiel des Krieges hilft scharfes Einhauen nichts ohne Einen welcher im Hintergrunde denkt und lenkt, bildet und baut. Blücher brauchte seinen Gneisenau. Herr von Hülsen versteht sich auf das scharfe Einhauen trefflich, und da er ein Mann von strenger Ehrenhaftigkeit, kameradschaftlicher Gesinnung und festem Charakter ist, so würde man seine vornehme Gestalt an der Spitze der Truppe und als Vermittler und Repräsentant bei Hofe mit Freuden begrüßen, wenn er zu der Erkenntnis gekommen wäre, daß ihm ein Stabschef fehlt, der im Innern des Bühnenkörpers wirtschaftet, mit hellem Kopfe über die Pappwände des theatralischen Kriegsschauplatzes hinaus in die Welt blickt und zwischen Kunst und Leben, zwischen Natur und Geist den ästhetischen Zusammenhang findet. Woher ein solcher Demiurgos kommt, gilt gleich; Schröder und Iffland waren Schauspieler, Laube war Journalist, und der geistige Mittelpunkt des Meininger Hoftheater, dem man einen gewissen Stil nicht bestreiten wird, ist der Herzog selbst.

Freilich wird ein solcher Mann vornehmlich da zu finden sein, wo mit dem Theater sich die Litteratur vermählt. Ein guter Dramaturg braucht kein bester Dramatiker zu sein, aber er muß an und in sich selbst die Erfahrung gemacht haben, wie ein Bühnenwerk entsteht. Auch Herr von Hülsen hat in seiner Jugend Theaterstücke verfaßt: „Lieutenant und Teufel"; „Lieutenants Ziel"; „Mohr, Rekrut und Jesuit". In die Litteratur sind sie schwerlich gelangt, aber im Garderegiment wurden sie aufgeführt. Sie waren für Dilettanten bestimmt und von einem Dilettanten geschrieben. Trotzdem scheint ihnen dieser Dilettant seine Bestallung zum Bühnenchef zu verdanken, welche Friedrich Wilhelm IV. lachend unterzeichnet haben soll. Vielleicht ahnte der kunstsinnige Fürst, daß in diesem Aktenstücke ein Verhängnis lag; aber sein Kunstsinn ging anderen Gegenständen nach, das Theater bekümmerte ihn nicht. Vielleicht aber ahnte er, daß grade der Dilettantismus des neuen Intendanten der Kunst ins Fleisch schneiden werde, da der Dilettant naturgemäß die Neigung hat, sich selbst mit dem Künstler zu verwechseln. Weil Herr von Hülsen durch die Inscenirung seiner Gelegenheitsstücke den Beifall der Kameraden und der Töchter des Regimentes erwarb, fühlte er den Beruf in sich, auch ein wirkliches Theater eigenhändig zu leiten. Er duldete unter sich nur Schattenmänner ohne Autorität und Ingenium, die höchstens zu Regisseuren taugten, und ist in der Tat sein eigener Direktor, oft genug auch sein eigener Regisseur.

Seine dramaturgische Tätigkeit von Jahrzehnt zu Jahrzehnt zu verfolgen, bleibe der Theatergeschichte vorbehalten. Der historische Beobachter wird eine künstlerische Rückbewegung stetig verfolgen. Für den Augenblick handelt es sich um das gegenwärtige Resultat dieser Rückbewegung, denn auch von einer dreißigjährigen Theaterleitung gilt das Bibelwort: An ihren Früchten sollt ihr sie erkennen!

Zwei Lebenskräfte bilden das Wesen eines jeglichen Theaters: Die Eine wohnt in der dramatischen Litteratur welche auf der Bühne zum Leben erweckt wird, die Andere in den schauspielerischen Persönlichkeiten, welche die Gestalten des Dichters zum Leben erwecken sollen. Diese beiden Kräfte verhalten sich wie Inhalt und Form. Die künstlerische Aufgabe des leitenden Oberhauptes ist daher eine doppelte: die rechten Dramen vorzuführen und in diesen Dramen die rechten Leute auf die rechten Plätze zu stellen, auf daß aus einer Summe vereinzelter Erscheinungen die Einheit eines harmonischen Kunstwerkes sich herausbilde und dasjenige entstehe, was die Sprache der Kunst mit dem vielumdeuteten Worte Stil bezeichnet.

Daß jede Nation auch auf der Bühne ihren eigenen Stil hat, ist den Berlinern erst kürzlich wieder lebendig ins Bewußtsein getreten, als Edwin Booth auf deutschen Brettern stand. Der Amerikaner hat uns in der Eigenart seiner Charakteristik oft ins Herz getroffen, jeden deutschen Schauspieler aber würde die Nachahmung dieser Eigenart künstlerisch zu Grunde richten. Jedoch auch innerhalb Deutschlands haben sich die verschiedenen Stile bekämpft. Jedermann kennt den Gegensatz der Hamburger und der Weimarer Schule; gegenwärtig haben sich diese altüberlieferten Richtungen stark durch einander gemischt, ohne daß ein stilvolles Drittes aus dieser Vermischung hervorgegangen wäre; rein wird der ideale Stil Weimars nirgends mehr, der realistische Stil Hamburgs höchstens noch im Wiener Burgtheater durch die

Schüler Laubes erhalten: Herr Sonnenthal ist ein Clavigo, aber kein Tell, Frau Wolter eine Orsina, aber keine Iphigenie.

Einzelne Theater haben es neuerdings versucht ihren eigenen Stil herauszubilden und, wo es gelang, waren sie nicht nur künstlerischer sondern auch materieller Erfolge gewiß. An der urkräftigen Naturwahrheit des Volksschauspieles vom Münchener Gärtnerplatze hat sich ganz Berlin erquickt wie an einer Reise in die Hochalpen; und den Meiningern würden ihre Eichentüren und historisch treuen Trinkgeschirre nichts geholfen haben, wenn nicht über dem Ganzen ihrer Aufführungen ein einsichtsvoller Blick ruhte, der es in allen seinen Teilen ordnend und zusammenfügend beherrscht: das ist Stil.

So scharf und grob man auch gerade in Berlin den Gegensatz zwischen Burgtheater und Meiningen betont hat, so berühren sich doch diese Extreme eben den Berliner Umständen gegenüber im wichtigsten Punkte. Wenn man in Wien mehr durch Charakteristik, in Meiningen mehr durch Scenerie poetische Stimmung wecken und den specifischen Geist des einzelnen Dramas beschwören will, wenn man dort also durch die Hauptsache, hier durch Nebensachen zum Ganzen strebt, so ist doch dieses Streben zum Ganzen und das Bewußtsein der Pflicht, jenem Geiste im Sinne des Dichters einen Körper zu geben, hier wie dort vorhanden.

Daß im Berliner Schauspielhause, welches das Publikum der Reichshauptstadt und der Kaiserresidenz zu sich einladet, das Bewußtsein einer solchen künstlerischen Pflicht überhaupt fehlt, kann der Stand des Repertoirs und kann die Summe der dort verwendeten schauspielerischen Kräfte lehren.

Was für ein Bühnendrama der Stil ist, ist für den Schauspieler seine eigene persönliche Natur, aus deren ganzer Selbständigkeit die poetischen Charaktere zu fließen haben. Für den Dramaturgen ist es also geboten, schauspielerische Naturen so tief und so breit auszugraben, daß in ihrem Wesen die manigfaltigen Wandlungen der Charakteristik Raum finden, ohne daß die Natur selbst verloren geht: es handelt sich darum Talente zu Künstlern zu bilden. Unsere Kritik muß sich daher zunächst denjenigen Schauspielern zuwenden, welche Herr von Hülsen im Berliner Hoftheater gegenwärtig beschäftigt.

Bunte Gestalten umdrängen uns: eine krause Heerschar von gebildeten und ungebildeten Talenten, von geschulter und ungeschulter Talentlosigkeit; wenig echte Künstler inmitten von Dressur und unreifer Natur. Wer nicht geboren wurde zum Künstler oder, wie die Oesterreicher geschmacklos sagen, wer nicht talentirt ist, erweist sich als geziert, geschraubt, gekünstelt, wie die deklamirenden Schöngeister bei ästhetischen Thees und die woltätigen Bürgerstöchter auf dem Liebhabertheater; wer nicht gebildet ist zum Künstler, wird im Ausbruche einer brutalen Natur roh, überspannt, unkünstlerisch und, obwol sich ein solcher gern Naturalist nennt, auch unnatürlich, denn zur Natur führt erst die Kunst zurück, welche wahrer ist als die Wirklichkeit.

Das künstlerische Suchen nach der Naturwahrheit ist der Hauptgrundsatz der Hamburger Realisten gewesen, und im Berliner Schauspielhause kennt man eine Reihe von Schöpfungen der Frau Frieb-Blumauer welche uns jüngeren Zeitgenossen als lebendige Vorbilder jener Schule gelten dürfen. Da man jedoch diese Künstlerin niemals gewöhnt hat, ihre Stellung in einem dramatischen Gesammtbilde zu finden, so bleiben ihre Gestalten mehr oder weniger Einzelporträts. Frau Frieb ist eine Schülerin Immermanns, aber durch die Richtung ihres Talentes war sie von vornherein vor gewissen rhetorisch=plastischen Neigungen ihres Meisters geschützt, der stark von Weimar abhing und seine romantischen Liebhabereien hatte. Das vorwiegend humoristische Genie der jugendlichen Minona blieb völlig frei von romantischer Ironie und wurzelt bis heute tief und weitverästet im wirklichen, hausbürgerlichen Leben. Als echte Humoristin weiß sie mächtig zu ergreifen, aber Pathetik im Sinne Weimars fehlt ihr und auf dem Kothurn ist für sie kein Raum. Im beschränkten Kreise der Komödie jedoch wirkt ihre Natur so reich und stark, daß diese unerschöpfliche Gestaltungskraft einer besondern Studie bedarf. Die Künstlerin wächst über den Rahmen unserer Betrachtung ebenso hinaus, wie über den Rahmen der Bühne, der sie seit 28 Jahren als die glücklichste, dauerhafteste und verdienstvollste Erwerbung des Herrn von von Hülsen angehört. Seitdem sie nach Dörings Tode in einen künstlerischen Witwenstand geraten ist, schreitet sie durch die übrigen Kunstgenossen mit dem majestätischen Gefühle: dies alles ist mir untertänig! Sie beherrscht den Schauplatz, so oft sie oben steht, mag sie groß oder klein sein sollen. Oft soll sie die Kleinste sein, immer ist sie die Größte; sie steht für sich allein, abgesondert von den Andern, die sich vor ihr beugen müssen, auch wo sie selbst sich beugen sollte. Daß Frau Frieb so spielen kann, ist die Schuld ihres Genies; daß sie so spielen darf, ist die Schuld ihrer Vorgesetzten welche den Effekt des Abends nicht auf die Harmonie des Ganzen sondern auf die Kraft einer Einzelnen bauen. Nicht um ein Drama, sondern um Frau Frieb zu sehen besucht man das Schauspielhaus. Hoffentlich kann man sie noch so lange mit Luft sehen, wie man ein Drama dort nur mit Leid sehen kann. Wenn aber die hochbejahrte Frau eines Tages mit hundert liebgewordenen Gestalten für immer Abschied nimmt, so wird der Verlust dieser in jedem Sinne vereinzelten Künstlererscheinung nicht durch das voraussichtliche Avancement der Frau Breitbach, auch nicht durch eine andere komische Alte ersetzt werden, sondern nur durch stilvolle Herausbildung eines Zusammenspieles der Gesammtheit.

In ihren ersten Berliner Jahren teilte Frau Frieb den Ruhmeskranz mit einer andern Künstlerin, welche ebenso ausschließlich in der Tragödie stand wie sie in der Komödie, welche im schroffen Gegensatze zu ihr von Weimar gelernt hatte und ein pathetisches Genie war. Wir haben sie nicht mehr gekannt, aber älteren Theatergängern schließt der Name der Crelinger einen Schatz von Erinnerungen auf; ihr folgten im heroischen Fache angesehene Schauspielerinnen, Frau Jachmann und Frau Erhartt. Seit dem Abschiede der Letztern hat man lange umsonst nach einem würdigen Ersatze sich umgetan. Man gewann eine Schauspielerin, um sie bald darauf wegen eines Coulissenzankes wieder fortzulassen. Sie hat sich nachträglich als Gast der Meininger Gäste in Berlin selbst so schön bewährt, daß man erst nach Jahren recht erkannte wie viel an ihr verloren ging. Für eine gewisse heroische Naivität, wie sie besonders der Kleistschen Thusnelda eigen ist, findet Niemand einen so wahren Ausdruck poetischer Empfindung wie Fräulein Haverland. Es ist erfreulich, daß diese Künstlerin durch das Deutsche Theater uns wiederkehrt. Im Schauspielhause hat gegenwärtig Fräulein Schwartz Posto gefaßt.

Sie ist eine sympathische Persönlichkeit, welcher man im bürgerlichen Leben gern begegnet; kleidet sie sich aber in

heroisches Costüm und vollends in antike Gewänder, so
behält Erscheinung und Wesen einen spießbürgerlichen Anstrich:
der Jungfrau von Orleans fehlt „der Geist der sie ergreift";
Donna Diana ist zu hausbacken, Iphigenie zu unhellenisch
modern, Maria Stuart zu reizlos, Adelheid Walldorf zu
wenig Dämon, die Orsina zu phlegmatisch; das Blut der
Künstlerin ist zu schwer und nicht heiß genug. Wie anders
muß Annas Leidenschaft aufschäumen und wirbelnd umschlagen,
wenn die Ueberredungskraft Richards des Dritten begreiflich
werden soll! Ein warmer Gefühlston fehlt der Künstlerin
nicht, aber nach Sängerinnenart zittert er mehr als daß er
spricht; die Zunge wird schwer, das volltönende Organ
undeutlich, die Zischlaute bedrängen sich. Fräulein Schwartz
ist eifrig um eine vornehme Einfachheit bemüht, sie hat offen=
bar in guter Schule mit Verstand gelernt. Im stummen
Spiele leuchtet bisweilen eine schöne Seele durch, aber sie
kann Leid mehr fühlen als mitteilen, Lust mehr genießen als
geben. Oft drängt sich ein starker Impuls gewaltsam zurück
nach Innen, als fürchte er draußen auf ein künstlerisches
Unglück zu stoßen. Aus Angst zu viel zu geben wird gar
nichts gegeben. Herr von Hülsen fühlt die Schwächen seiner
ersten Tragödin. Er vermeidet es sichtlich, Dramen die von
ihr beherrscht werden, vorzuführen, und hat manchen fetten
Bissen aus der Erharttschen Hinterlassenschaft seßhaftern
Untertanen zugeteilt; aus dem Salon ist Fräulein Schwartz
fast ganz vertrieben, nur den Einakter Am Clavier hat
man ihr wie einen Beruhigungsbrocken zugeworfen, damit
wenigstens ihre wolgebildete Altstimme zur Geltung komme.
Wo es zu repräsentiren gilt, entbietet man die Machtgestalt
des Fräulein Stollberg.

Diese Schauspielerin ist im Sommer 1882 auf fernere zehn Jahre, wie es in offiziösen Notizen hieß, gewonnen worden. Würde jetzt in der dramaturgischen Oberleitung ein Systemwechsel eintreten, so müste mit der Kunst des Fräulein Stollberg ebenso verfahren werden, wie Horaz es mit den Werken der Dichter vorschlägt: nonum prematur in annum! Fräulein Stollberg überragt an Körpergröße ihre stattlichsten männlichen Collegen, aber in dem großen Körper schläft ein Geist, der selbst für Rollen des äußern Anstands schwer zu erwecken ist. Fräulein Stollberg übertrifft fast alle ihre weiblichen Collegen an Beweglichkeit des Geberdenspieles, aber sie hetzt es unabläßig von Extrem zu Extrem: die Blitze kommen aus heiterstem Himmel, und durch grauste Schneewolken bricht die Julisonne; wo sich, wie in einem Monologe des Leibarztes, Wehmut mit Herzensfreude im Ausdruck der Gesichtszüge mischen soll, geht es zu wie im April: „Wie glücklich er ist! (praller Sonnenglanz) und (Platzregen) moine (sic!) Träume? (praller Sonnenglanz) Dahin, dahin!" Fräulein Stollberg scheint bei der ersten Begegnung geradeswegs aus den Eddaliedern oder den cheruskischen Bergen herzukommen. Wenn sie als Hippolyta ihr gelbes Teutonenhaar in langen Strähnen entrollt trägt, so denkt man nicht sowol an die menschlich und hellenisch gewordene Amazone, als vielmehr an Brunhild und Thusnelda; wenn sie aber die rauhe Stimme erhebt, welche über ihre eigenen Töne in steter Verwunderung zu schweben scheint, so merkt man, daß sie dorther gekommen ist, wohin die deutsche Zunge kaum noch klingt. Erstickt im Organ des Fräulein Schwarz zuweilen die seelische Empfindung den Klang, so poltert Fräulein Stollberg mit hohl pathetischen Gurgeltönen alle Empfindung zu Grunde. Trotz ihrer walkürischen Gestalt und ihrer

unmütterlichen Gefühlsart vertritt Fräulein Stollberg das
Fach der Heldenmütter. Wer Hamlets Mutter von ihr
kennt, hat o Jammer! die schlotterichte Königin gesehen;
es lastet ein physisches Unbehagen auf ihr, das sich dem Zu=
schauer mitteilt. Die Großmütter im weißen Haar und
schwarzen Matronenkleide, z. B. eine Birch=Pfeiffersche Herzogin
gibt sie so espenlaubartig gebrechlich, wie wir es nur im
Mummenschanze der schelmischen Papagena gesehen haben;
Fräulein Stollberg ist dann eine unehrerbietige Travestie auf
das Greisenalter vornehmer Frauen.

Dieser Schauspielerin vertraut man die kluge seelenvolle
Sittah, die geistreiche Terzky, die gedankenvolle Margarete
von Parma und fast die ganze Serie der sogenannten
Serieusen an. Auch im Burgtheater und anderwärts fehlt
eine heroische Mutter. Die Damen vom Theater wollen nicht
alt werden. Es muß recht schwer sein, Anmut mit Würde zu
tauschen. Sogar Frau Seebach, welche nun endlich diesen Tausch
vornimmt, hat viel zu lange das Flügelkleid Jane Ayres
und die blonden Zöpfe Gretchens getragen. Warum zieht
man sie jetzt nicht nach Berlin?

Freilich, man hat noch Fräulein Bergmann, welche
Elisabeth von Berlichingen, das Abbild der Frau Rat, darstellen
muß, und Frau Breitbach, welche man als Herzogin von Fried=
land erschauen kann. Beide gehören zum eisernen Bestande des
Schauspielhauses und sind im Laufe der Jahrzehnte, von
naiven und sentimentalen Liebhaberinnenregungen allmählich
sich befreiend, im kleinbürgerlichen Haus= und Herddepartement
glücklich geworden, Fräulein Bergmann mehr für den Herd, Frau
Breitbach mehr für das Haus passend. Humor fehlt Beiden,
aber während Fräulein Bergmann bescheiden darauf verzichtet,
zwingt Frau Breitbach ihn gewalttätig herbei. Fräulein

Bergmann wird niemals vermißt, aber stört selten; sie bleibt auf dem Nullpunkte. Frau Breitbach dagegen hat Ehrgeiz. Sie scheint gebildet und kunstverständig zu sein. Man merkt ihr fleißiges Bemühen Charaktere zu schaffen und ihre Vorliebe für Nüancen. Eine Charakterstudie wie die schlaue Simulantin in Hebbergs Strohhalm war trefflich angelegt und geplant, trotzdem trat die Figur hölzern und pedantisch ans Licht, denn es fehlt der Darstellerin an Mitteln zu ihren Zwecken. Die Stimme ist schrill und blechern, der Gestalt mangelt äußere und innere Bedeutung, das Geberdenspiel neigt zur stereotypen Grimasse. Es zeugt nicht für den großstädtischen Geschmack des Publikums, wenn es das widerliche Zerrbild der Irmgard in den zärtlichen Verwandten immer von Neuem belacht. In demselben Lustspiele neigt auch Frau Frieb=Blumauer von Jahr zu Jahr mehr zur Uebertreibung. Aber diese unvergleichliche Künstlerin verliert selbst da wo sie am stärksten aufträgt, als Madame Michaub in der Büste und als Gouvernante im Bibliothekar nicht ganz ihre angeborene Grazie.

Wer Chambres garnis vermietet oder Mittags die Suppe auf den Tisch trägt, kann der Grazie wol entbehren. Wer aber wie Frau Breitbach die Claudia Galotti nicht anders als die Musikus Millerin spielt, wer wie Fräulein Bergmann das espritvolle Zöfchen Dorine im Tartüffe als lärmenden rotarmigen Küchendragoner dargestellt hat, gehört in die Provinzen. In Dessau oder Neustrelitz könnte Fräulein Stollberg eine Wolter, Fräulein Bergmann eine Niemann=Raabe und Frau Breitbach eine Frieb=Blumauer bedeuten. Berlin aber soll ja wol Weltstadt geworden sein. —

Großstädtisch bis ans Herz hinan, eine aristokratische Natur, ein Weltkind, ist unsere Salondame Frau Kahle=Keßler.

Geist, Laune und Geschmack sind dieser Schauspielerin angeboren, und wo sie Laune und Geist entfalten darf, ist die natürliche Leichtigkeit ihres Gesprächstones und die graziöse Sicherheit ihrer Bewegungen schwer zu übertreffen. Sie ist die vollkommene Darstellerin jener vornehm degagirten, oberflächlich geistreichen jungen Witwe, welche in den neuesten Großstadtschauspielen bald als leichtherzige Intrigantin bald als humoristisch satirischer Contrast zur biedern Heldin eine typische Rolle spielt. Frau Kahle kann schmollen und necken und lachen und anmutig plaudern. Nichts geistreicher als die Weise, in welcher sie in Lindaus Verschämter Arbeit dem liebenswürdigen Minister die Märchen von Paulus Gerhardt aufbindet. Daß sie gelegentlich auch ergreifen kann, bewies sie als Lindaus Magdalena in der großen Bekenntnißscene. Aber ihr Herz hält mit dem Geiste nicht gleichen Schritt in der Darstellung. Ihr Humor hat mehr Laune und Witz als Empfindung und Innerlichkeit. Darum ist sie in aller ihrer Munterkeit keine Minna von Barnhelm und keine Adelheid Runeck. Ihr fehlt jene tiefe Verschmelzung von Witz und Gemüt, durch welche Helene Hartmann in Wien den Humor der Freytagschen Frauengestalt zu einer unvergeßlich poetischen Darstellung bringt. Frau Kahle ist mehr nach Lindau als nach Lessing, mehr nach Lubliner als nach Freytag geartet. Beim Moment, wo in einem leichten Herzen das Gefühl durchbricht, versagt sie. Viel sicherer und tiefer kann sie den Herzenston da treffen, wo Witz und Laune dem Charakter ganz fehlen. Dann wird sie von ihrem eigenen Elemente nicht gestört, und auf sich selbst gestellt kann ihre Routine ersetzen, was ihrem Talente mangelt. Die resignirende ernste Schwester in Wildenbruchs Opfer um Opfer machte sie glaubhaft und wer Frau Wolter nicht kennt, durfte auch mit Frau Kahles lachender Witwe in Une qui rit. une qui pleure zufrieden sein, jedenfalls zufriedener als mit der Weinenden des Fräulein Stollberg. Ob Frau Kahle die Weinende die heimlich lacht, besser geben würde als die Lachende die heimlich weint, ist zu bezweifeln, da sie nicht wie ihre Wiener Fachcollegin Frau Gabillon im Spiele zu heucheln versteht. Sie legt die Charaktere zu oberflächlich an, um complicirten Charakteren auf den Grund zu kommen. Frau Kahle steht vor einem Fachwechsel, zu dem sie sich nur schwer entschließen kann. Noch in einer Novität der letzten Saison hat sie ein junges verliebtes Mädchen übernommen, und in der Reprise von Viel Lärmen um Nichts hat man ihr die Beatrice gelassen, nun kann zwar Frau Kahle Verse natürlich sprechen, aber für die Komik Shakespeares ist sie zu salon=mäßig modern und für ein junges Frauenzimmer das ihr Herz erst entdecken soll, zu reif und überlegen. Beatrice ist eine bezähmte Widerspenstige; Frau Kahle stellt den Charakter dar, als wäre die Widerspenstigkeit nur Scherz und gab Beatrice von Anfang an so wie sie zuletzt ist; sie hat keine Charakterentwickelung.

Die kluge Schauspielerin sollte klug genug sein, mit den Jahren nicht bergab, sondern bergauf zu steigen. Frau Frieb=Blumauer ist ihr auch darin voran. Diese hat schon längst einen ganzen Rollenkreis freigegeben und als vor zwei Wintern Frau Mallinger, bekanntlich auch eine Schauspielerin, daran dachte zum Drama überzugehen, soll Herr von Hülsen ihr dieses zwischen Jung und Alt balancirende Fach angeboten haben. Frau Mallinger aber wuste noch in ihrer Berliner Abschiedsvorstellung die volle Poesie der ersten Mädchenliebe in ihrer Julia auszuströmen, während Frau Kahle, als ich vor sechs Jahren von ihr das Käthchen von Frankreich Heinrichs des Fünften sah, mir lange als eine unerquickliche Schauspielerin im Gedächtnis blieb.

Jetzt schiebt man in jenes Balancefach, so gut oder schlecht es gehen will, Fräulein Mariot ein, welche auch sonst noch für Lücken zu büßen hat. Zuweilen hat man diese Schauspielerin auch in das erste Glied gestellt: als Oberon im Sommernachtstraum und als Fräulein Commerzienrat — Geschäftscomptoir und Elfenhain, Shakespeare und Michael Klapp! Wie vielseitig und bedeutend müßte eine Künstlerin sein, welche hier einen Charakter und dort ein Märchen schaffen könnte. Dem Fräulein Mariot fehlt das Erste und Nötigste, ohne welches eine Schauspielerin auf der Bühne unmöglich ist. Sie kann nicht sprechen. Sie gehört zu den vier Damen der königlichen preußischen Hofbühne, welche einen prononcirten Dialekt der cis- und transleithanischen Monarchie reden: Fräulein Barkany spricht ungarisch, Fräulein Stollberg galizisch, Fräulein Conrad wienerisch und Fräulein Mariot böhmisch. Die Vierte aber kann selbst in ihrer heimatlichen Mundart nicht rein und menschlich articuliren. Sie spricht, als habe sie einen heißen Bissen im Munde. Aber sie hat eine angenehme und stattliche Bühnenerscheinung und wäre, wenn sie sich bilden wollte, zur Repräsentantin verwendbar.

Wir kommen zum eigentlichen Lebenselemente jeglichen Theaters. Geschmacklos aber den Kernpunkt treffend spricht der Bühnenjargon von Liebhaber und Liebhaberin.

Obwol von Manchem heutzutage bestritten wird, daß die dramatische Kunst zur Poesie gehört, so wird doch nicht bezweifelt, daß Poesie zur dramatischen Kunst gehört. Aller Poesie Urmotiv ist die Liebe zwischen Jüngling und Mädchen. Hier fließt der dichterischen Empfindung und Phantasie ein Quell der nicht versiegt. Als Romeo und Julie einander

zuerst begegnen, bleiben sie gebannt im gegenseitigen Anschauen stehen. Der erste Moment entscheidet; kein Wort des Dichters deutet ihn an, es findet sich nicht einmal eine Bühnenanweisung; aber man kann die verlangende Sehnsucht des nächtlichen Stelldichein, den Abschied nach der Braut=
nacht selbst nur verstehen, wenn man schon in jenem stummen Augenblicke das Spätere kommen sah. Im Augenblicke selbst, im Blicke der zum ersten Male aufeinander gehefteten Augen, noch bevor der erste Kuß getauscht wird, ist es entschieden daß hier der rechte Romeo bei der rechten Julia stand. Was alles muß auf den Gestalten dieser Beiden geschrieben stehen, damit wie Julia sagt, „Sehen Neigung zeugt"! Im verklärenden Lampenlicht der Bühne, in den reinen Flammen der Liebes=
poesie muß die holde Lüge, daß es ein Schönheitsideal gibt, zur sichtbaren Wahrheit werden. Dieses Schönheitsideal woran grämliche Menschenkenner zweifeln, wodurch Liebe zum Höchsten und zum Tiefsten, Kätchen ins Grafenschloß und Gretchen in den Kerker kommt, ist nichts anders als der Glaube, daß im schönsten Körper die schönste Seele wohne. Das hübsche Lärvchen allein tut es nicht. Egmont steigt nicht zu jedem netten Klärchen ins Volk hinab, und nicht mit jeder niedlichen Luise trinkt ein Präsidentensohn den Tod.

Ist auf der Bühne ein solches Schönheitsideal zu ver=
wirklichen? Als vor nun einem Jahrhundert ganz Deutschland am Grabe der siebzehnjährigen Charlotte Ackermann stand, mochte über das Loos des Schönen auf der Erde geklagt worden sein.

Heute fällt unseren ersten Liebhaberinnen die Juliaprobe schwer. Nicht selten ist der schöne Körper, seltener die schöne Seele da. Aber wo ist das Ganze? Im Berliner Schauspiel=
hause?

Denn Erste muß' ich immer sein! hat Fräulein Barkany einmal gedichtet oder dichten lassen. Im Berliner Schauspiele muß sie drei andere „Erste" neben sich dulden.

Während Fräulein Barkany ganz im sentimentalen Fache steht, steht Fräulein Abich ganz im naiven; Fräulein Meyer und Fräulein Conrad aber halten die Wage: jene gegen ihre Natur gewaltsam in die Sentimentalität hinübergedrängt, diese gleichfalls mit einer energischen Neigung zum Naiven. Als fünftes Rädchen an diesem ziervollen Gefährte läuft seit jüngstem eine Schauspielerin mit, von welcher sich noch nichts sagen läßt als daß sie die Tochter Bodenstedts ist.

Fräulein Abich und Fräulein Barkany sind äußere Gegensätze, welche sich innerlich berühren: jene blond und blauäugig, diese tiefdunkel und schwarzäugig, beide schlank und für die Bühne vorteilhaft gewachsen; Fräulein Barkany gilt als Schönheit, Fräulein Abich als Anmut: diese im nordischen Phlegma schwelgend, jene von einem stark papricirten Orientalenblute hastig beunruhigt; Fräulein Barkany ist das vollblütigere Bühnentalent, Fräulein Abich die artiger dressirte Dilettantin; in Fräulein Abichs dünnem Fistelstimmchen lebt nur einer, aber ein reiner Ton, das klangvolle Organ des Fräulein Barkany hat weiche schwellende Töne, aber sie schwimmen in einem einförmig sentimentalen Nebel und sind stark dialektisch gefärbt; Fräulein Abich spricht Verse wie Prosa und Fräulein Barkany, obwol sie bei Maurice zur Schule ging, Prosa wie Verse. Muß aber, was meistens geschieht, Fräulein Barkany Verse und Fräulein Abich Prosa sprechen, so beginnt jene gedankenlos zu pathetisiren, diese gedankenlos zu plappern, jene ohne Empfindung sentimental, diese ohne Natürlichkeit naiv zu werden. Beide stellen sich in möglichst prunkhafter Toilette auf die Bühne, wie Gott und die Schneiderin sie geschaffen hat, und lassen die Schneiderin und den Dichter für das Weitere sorgen. Mit den ihrer Darstellung anvertrauten Mädchencharakteren verfahren Beide je nach Temperament verschieden. Fräulein Abichs schläfrige Blondheit bleibt hinter der Rolle zurück, Fräulein Barkanys südliches Ungestüm schießt über das Ziel hinaus.

Was das Repertoir betrifft, so ist Fräulein Abich vorläufig besser daran. Ein Fünkchen Humor das zuweilen die Mundwinkel schief zieht, vermag ihrer Naivetät einen harmlosen Reiz zu geben, und in neueren Großstadtsschauspielen grassirt ein gut gekleidetes und schlecht erzogenes Bankiersfräulein, welches von den Mitspielern bei allen Gelegenheiten für reizend, allerliebst und entzückend, für einen kleinen Schalk und Schelm ausgepriesen wird, im übrigen alberne Fragen zu stellen, dummdreiste Ansichten zu äußern und schließlich Jemanden glücklich zu machen hat. Weil diesen Modepüppchen Verstand und Empfindung in der Regel vom Autor vorenthalten ist, so braucht auch Fräulein Abich nichts davon hineinzulegen. Modepüppchen aber kommen aus der Mode, und da Fräulein Abich dem Schauspielhause auf Leben und Tod, so zu sagen als der klassische Backfisch sich verschrieben hat, so wird sie jene Art großstädtischer Theaternaivetät hoffentlich überleben. Was dann? Jetzt figurirt sie noch in einer Anzahl von wirklichen Mädchencharakteren. Wenn man aber an leitender Stelle einsehen wird, daß die natürliche Wildheit des übermütigen Backfisches anders als die frühen Ahnungen der erwachenden Liebe verkörpert werden müssen, daß Lessings Franziska nicht identisch ist mit Goethes Hausmütterchen Marianne, und daß es ein Unterschied ist ob in Wilbrandts Jugendliebe der kleinen trotzköpfigen Träumerin die verfrühte Lebensweisheit über den Haufen stürzt oder ob in Wilbrandts anderm Einafter dem stolz und schamhaft verschlossenen Mädchenherzen das Unerreichbare plötzlich erreichbar ist.... wenn man an leitender Stelle einsehen wird, daß auch die naivste Schauspielerin künstlerischen Verstand und poetische Empfindung braucht, so wird Fräulein Abich werden, was sie ist: eine ansehnliche Ersatzreservistin.

Für Fräulein Barkany haben die Hausdichter nicht in gleicher Weise gesorgt. Lubliner ist darum bemüht gewesen, aber nur Gensichen ist es einmal in der Märchentante gelungen: die schöne, herzenskalte, das Ideale verspottende, praktisch rechnende, auf Bällen die Begeisterung des Herrn L. P. herausfordernde Verlegerstochter und nachherige Millionenbraut mit den „wunderbar entzückenden" Augen ist die einzige Rolle welche Fräulein Barkany natürlich und glaubhaft macht. Wer sie hier zum ersten Male sieht, muß sie für eine große Künstlerin halten. Wer sie aber als Recha oder Luise Millerin, Valentine oder Eboli, wer sie vollends als „kluge" Else in Wilbrandts Maler sah, erblickt hinter ihrer eintönigen Sentimentalität und ihrem theatralischen Pathos jene Gensichensche Schöne, welche das Publikum des Schauspielhauses für einen Massenpietsch zu halten scheint. Und das Publikum? Im Sommernachtstraum behauptet Fräulein Meyer von Fräulein Barkany, sie habe „Augen deren Strahl entzückt". Ueber diesen großen schwarzen Augen vergißt das Publikum Stück und Rolle. Und der Künstlerin ergeht es ebenso. Wo das Licht ihrer Darstellung erbleicht, läßt sie die Augen strahlen. Und wie man im nächtlichen Dunkel oft nur zwei Leuchtkäferchen sieht, so sieht man auf der Bühne oft nur diese Augen.

Des Leibes Licht ist das Auge! heißt es in der Bergpredigt. Beim Schauspieler, dessen Leib in allen seinen Fasern von einer

Seele durchleuchtet sein muß, darf dieses Licht des Leibes nirgends anders als von der Seele selbst ausstrahlen. Denn nur aus der Seele kommt, was ein Darsteller vor allem braucht: Empfindung, Humor und Leidenschaft. Erst wo alles drei zusammen wirkt, ist Geniales zu erhoffen. Unter den bisher in Betracht gekommenen Künstlerinnen besitzt Frau Frieb alles drei, Frau Kahle Humor, etwas Leidenschaft und wenig Empfindung, Fräulein Abich wenig Humor, gar keine Leidenschaft und gar keine Empfindung, Fräulein Barkany Leidenschaft, keine Empfindung und nicht den mindesten Humor.

Leider sind die drei Gaben des Glückes auch in der holdesten Erscheinung, welche gegenwärtig der Hofbühne zugehört, nicht so stark vertreten, daß sie eine erste Kraft in ihr wecken könnten.

Eine Dosis Empfindung, eine Dosis Leidenschaft und, was jahrelang nicht entdeckt wurde, eine Dosis Humor besitzt auch Fräulein Meyer; sobald aber die schöne Schauspielerin tragisch werden soll, zerfließen und verdampfen diese Eigenschaften im blauen Dunste einer uferlosen Holdseligkeit. Statt der Leidenschaft giebt Julia ein bedächtiges Schmollen, statt der Empfindung gibt Hero ein sentimentales Schmachten, und der Humor, den Gretchen und Klärchen gar wol brauchen könnten, verduftet völlig. Diese Art, Desdemona nicht anders als Julia, Ophelia nicht anders als Margarete zu behandeln, ist von einer ehemaligen Collegin des Fräulein Meyer sehr treffend bezeichnet worden: Vergißmeinnicht in Milch!

Ganz sicherlich langweilt sich das Publikum dabei, aber es hält Fräulein Meyer für die tragische Liebhaberin nach der Norm und schiebt alle Schuld den Trauerspielen zu, welche von Rechts- und Gotteswegen immer ein bischen langweilig seien. Daß dem stets liebenswürdigen Lieblinge das rechte Verständnis für Tragik fehlt, wird im schmeichlerischen Schmelze ihres sanften Vortrages und bei der zarten Jungfräulichkeit ihres Auftretens vergessen. Vor dieser Blume braucht man nicht zu beten, daß Gott sie erhalte so rein und schön und hold. Fräulein Meyer gleicht jenen Frauen beim Homer, welche nicht älter werden, ob auch der Krieg um Ilion zwanzig Jahre währte. Das Schauspielhaus könnte auf diesen dauerhaften Besitz stolz sein, wenn es ihn immer richtig verwendete. Fräulein Meyer sollte beispielsweise, so seltsam es klingt, im Götz statt der sanften Maria den prächtigen Trotzbuben Georg spielen, den ein unschönes Dienstmädchen nicht versorgen kann, denn Fräulein Meyers Maria ist ein dummes Schäfchen, ihr Georg würde frisch und froh sein, wie der Gips knetende stimmbrüchige Risotto — und doch wieder anders; denn in kräftigen humoristischen Charakteren, die auf einer gemütvollen Basis liegen, kennt Fräulein Meyer Nüancen und Variationen und, was man ihr nie zugetraut hätte, Charakteristik überhaupt. Man hat sie gänzlich verkannt, da man sie auf den Kothurn stellte. Nichts entzückenderes als ihre Alice im Leibarzt, Nichts matteres als ihre Emilia Galotti! So oft man sie im Trauerspiele sieht, wünscht man eine Andere herbei; so oft man allerdings Fräulein Barkany sieht, wünscht man Fräulein Meyer herbei.

Es fügte sich, daß Fräulein Meyer an ihrem richtigen Platze viel leichter als an ihrem falschen zu ersetzen ist. Denn vor drei Jahren hat man irgendwo in Mähren eine Schauspielerin gefunden welche zwar dem Aeußern nach hinter Fräulein Meyer beträchtlich zurücksteht, aber bei dem unschätzbaren Vorzuge blühender Jugend eine ungewöhnliche Vereinigung von Humor, Gefühl und Leidenschaft in sich trägt. Eine leicht bewegliche aber kleine und volle Gestalt, ein stumpf geschnittenes, von weitem schwer festzuhaltendes Profil, ein seelenvolles Stimmchen, das aber seine Vernehmlichkeit nur durch eigentümlich dunkele Dialektfärbung erreicht — diese und andere Unzulänglichkeiten zogen dem Wirkungskreise des Fräulein Conrad von vornherein bestimmte Grenzen, die das ganze Gebiet der hohen Tragödie ausschließen. Schiller hat für diese Künstlerin nichts, Goethe nur die Geschwister gedichtet. Statt der Juliaprobe wird sie als äußerstes Wagnis die Gretchenprobe zu machen haben und zunächst wol an der Darstellung des Schuldgefühls und der Reue scheitern. Ob sie den scharfen, satirisch durchgeistigten Witz Molières in seinen Servanten verstünde, könnte am besten Lessings Franziska lehren, welche ihr schon deshalb zukommt, weil die geistlose Flachheit der gegenwärtigen Darstellung auf die Dauer beschämend ist.

Solche Versuche sind mit Fräulein Conrad nicht angestellt worden. Man führte sie in jene idyllische Sentimentalität hinein, welche sich seit Ifflands Margarete und Kotzebues Gurli auf deutschen Bühnen für Naivetät ausbietet, durch die Lorles und Fanchons zu starken Theatereffekten geführt ist und den Triumph ihrer abgeschmackten Afterpoesie in einem Einakter Wolfgang Müllers feierte: Sie hat ihr Herz entdeckt.

Aus diesem Abgrunde ist Fräulein Conrad mit der unangetasteten Frische der wahren und persönlichen Natur hervorgegangen, und man sollte ihr endlich diejenige Rolle geben, welche die volle Poesie ihres Wesens entfalten könnte und zugleich der falschen Dorf- und Residenznaivetät als lieblichstes Muster einer echten Naiven gegenübersteht. Wie Fräulein Haverland für Kleists Thusschen, so ist Fräulein

Conrad für Kleiſts Käthchen geboren. Wie Kleiſts Käthchen
ſo hat auch Fräulein Conrad im Theater an der Wien
debütirt. Sie iſt ein vollblütiges Kind der ſpielfrohen
Donauſtadt und hat eine derbe Luſt zu fabuliren daher gebracht.
Die Zauberſchwänke Raimunds ſind ihr weſensverwandte
Landsleute, und gäbe es in Wien eine Volksbühne mit
künſtleriſchen Grundſätzen, ſo könnten ſich Raimund und
Anzengruber keine intimere Interpretin wünſchen als dieſe
preußiſche Hofſchauſpielerin, denn ihre Poeſie webt im volks=
tümlichen Realismus, ihr Humor in phantaſtiſcher Volks=
tümlichkeit. Phantaſtik und Realismus wird eins in ihr,
wie in gewiſſen Mädchengeſtalten Gottfried Kellers, welche
ſich durch nichts über den hübſchen Durchſchnitt zu erheben
ſcheinen, bis plötzlich irgend ein ſonderbarer Vorfall eintritt,
der alles an ihnen eigentümlich und noch nie dageweſen
macht, und entweder eine Sylfe oder ein Kobold hervorſpringt.

Halb als Kobold halb als Sylfe hat auch Fräulein
Conrad in Berlin ihr Glück gemacht. Den ſonderbaren
Vorfall gab die Repriſe des Sommernachtstraumes. Fräulein
Conrads Puck kommt aus dem Leben; würde der Elf exiſtiren
ſo müßte er ſo exiſtiren. Die Schauſpielerin hat zwar nicht
die Juliaprobe, aber die Shakeſpeareprobe beſtanden, und
wer den ſteilen Berg vom Wiedener Volkstheater zur Hof=
bühne am Gensdarmenmarkte auf ſelbſtgebahntem Pfade und
ehrlich erſtiegen iſt, muß mit äſthetiſcher Notwendigkeit, von
Raimund ausgehend, bei der gemütvollen Derbheit und
draſtiſchen Grazie des Shakeſpeariſchen Humores eintreffen.
Puck zaubert das widerſpenſtige Käthchen und Beatrice und
manches Andere hierbei.

Fräulein Conrads energiſches Kunſtſtreben und die
Zielloſigkeit ihrer Berater hat ſie auch in den modernen Salon

geführt. Man ist pedantisch genug, das urwüchsige Volkskind vom Prater in eine höhere Tochter des Tiergartenviertels zu verwandeln, als ob nicht Fräulein Abich vorhanden wäre. Man gebe der jungen Künstlerin, die leider seit drei Jahren nur wenig vorgeschritten ist, Charaktere, nicht Püppchen; an jenen wird sie ihre innere Natur herausbilden, durch diese wird sie in eine aufdringliche und unechte Manier verfallen, welche sich schon jetzt mit beängstigender Geschäftigkeit für Routine ausgiebt. Bühnenschliff ist schön, aber er schleife nicht die Eigenart ab. Fräulein Conrad steht jetzt auf dem Punkte wo sich Naturell und Streben nach Routine erbittert und nicht ohne künstlerische Gefahr bekämpfen. Daher kommt es, daß auch ihren anmutigsten und frischesten Darstellungen eine etwas unruhige Absichtlichkeit beiherläuft, wie ein bellendes Hündchen, dem man Kusch dich! zuruft: man will dem hübschen Tier nicht wehe tun, aber es macht zu viel Lärm.

Wir können also, wenn wir die Damen vom Schauspiele vergleichen, die Wahrnehmung machen, daß das Talent desto stärker auftritt, je weiter es seine Kreise nach der komischen Seite hin ziehen kann, daß es desto ärmer wird, je mehr es in der Tragödie Verwertung sucht: dort Frau Frieb, Fräulein Conrad, Frau Kahle, Fräulein Meyer, hier Fräulein Schwartz, Fräulein Barkany, Fräulein Stollberg und abermals Fräulein Meyer.

Zu einem ähnlichen Resultate führt uns die Betrachtung der männlichen Bildergallerie. Wie es an einer Darstellerin klassischer Liebespoesie fehlt, so fehlt es auch an ihrem Partner.

Seit Jahren schon, da man das heißspornige Talent des Herrn Urban nicht glaubte bändigen zu können, wird ein jugendlicher Liebhaber gesucht. Aus allen Winkeln kriechen

Ferdinands und Don Carlosse hervor, die ihrer provinziellen
Verborgenheit zu ihrem Heil nie würden entrissen sein, wenn
es irgend wem eingefallen wäre, sie an Ort und Stelle zu
prüfen, ehe man sie auf der Hofbühne blossstellte. Diese
kläglichen Anstrengungen unfähiger Mimlein kommen Nie=
mandem gelegener als Herrn Ludwig, welcher seinen Stern
mit Vorliebe bei Nacht leuchten läßt. Ja fürwahr! In
Danzig und Riga, in Schrimm und in Schroda haben
sie unvergleichlich elendere Romeos und Ferdinands als in
Berlin! Wie glücklich sind wir in Berlin, Herrn Ludwig zu
haben, der das ganze Register liebender Leidenshelden her=
unterspielt von Karl Moor zu Mortimer, vom Knappen Franz
zu Egmont, von Dunois zu Max, von Romeo zu Tasso,
von Posa zu Ferdinand. Und wo irgend eine historische oder
mythische Größe von modernen Autoren bemüht wird, so
ladet auch sie Herr Ludwig auf seine Schultern: Orest ist
Siegfried, und Siegfried ist Alexander und Alexander ist
Harold. Alle zusammen aber sind — Hamlet. Hamlet, wie
ihn Herr Ludwig in seines Geistes Auge erblickt: ein nervöser
Phlegmatiker welcher auch zum Leiden zu träge ist. Jenes
Etwas im Staate Dänemark scheint der Dänenprinz selber
zu sein. Er haucht wo Andre sprechen, holt Atem wo Andre
in Erregung beben, ärgert sich wo Andre wüten oder weinen.
Hans der Träumer ist ewig seiner Sache fremd. Diese
Sache, seine Rolle, steckt nicht in ihm, sondern er stellt sie
vor sich hin wie einen kleinen unartigen Jungen, welchen
die Mutter halb lächelnd halb zürnend bei Seite führt, um
ihn möglichst unbemerkt von den anwesenden Onkels und
Tanten ein Bischen abzukanzeln; da werden Scheltworte und
Drohungen zu tonlosen Stoßlauten abgedämpft, Backpfeifen
symbolisch angedeutet, und wenn der Bengel heult, so wird

das Schnupftuch ins Maul gestopft oder Naschwerk geboten. Herrn Ludwigs Stil besteht mimisch wie rhetorisch in einem zagen Zerlegen und Berechnen aller Empfindung. Mortimers enthusiastische Schilderung von Rom lispelt er vor sich hin, als memorire er den Passus. Er sticht mit Nadeln wo er Dolche reden oder brauchen sollte.

Diese Spielart mag für den Hamletcharakter ein gewisses Recht haben, und der Schauspieler kann grade in dieser Rolle nichts besseres thun, als in der eigenen Natur sein Stück Hamlet hervorzusuchen. Da nun der Dänenprinz weder von Phlegma noch von Nervosität frei ist, so konnte Herr Ludwig eben hier auf einen gewissen Erfolg rechnen, denn ein unheimliches Gemisch von Nervosität und Phlegma ist unserer Generation nicht fremd. Manche schätzen darum Herrn Ludwig höher als etwa Booth, den ironisch milden Melancholiker mit den tiefsinnigen Träumeraugen. Geschmacksache! Halten wir mit unserer persönlichen Empfindung zurück und unterwerfen wir uns dem competenten Richterspruche einiger Kritiker und einiger Frauen, welche von Herrn Ludwig bezaubert sind! Allerdings kann der Darsteller, wenn er ein kleines Schnurrbärtchen trägt, vorzüglich aussehen. Er macht eine gute Figur im Salon, und wenn es ihm auch bei seiner baren Unnatur an Humor ebenso fehlt wie an Empfindung und Leidenschaft, so hilft ihm seine Routine grade im Salon doch zu allerhand kleinen, wol berechneten, oft nicht unliebenswürdigen Effektchen, welche wie Leidenschaft und Empfindung oder gar wie Humor aussehen. Ueberraschend gut ist Herr Ludwig im ersten Akte von Gold und Eisen; sobald dieser Polytechniker aber die Blouse ablegt, kommt wieder die Geziertheit hervor und es gelingt dem Künstler nicht, einen richtig aufgefaßten originellen Charakter durchzuführen.

Seitdem Herr Ludwig im Schauspielhause das gesammte Heldengeschlecht zu erzeugen hat, läßt er sich selten im Salon sehen und, was erfreulicher ist, hören. Es vertreten ihn vorzugsweise die Herren Keßler und Müller, welche auch sonst das leere Fach der jugendlichen Schwärmer auszufüllen haben: Herr Keßler ein wolgeschulter Bonvivant, und Herr Müller ein frischer Naturbursch, der zu Hoffnungen für das Genre der humoristischen Liebhaber und der Gecken berechtigt. Herr Keßler schlägt sich auf dem unbequemen Felde mit Anstand aber ohne innere Neigung durch, Herr Müller aber wird sich wahrscheinlich ebenso, wie Fräulein Meyer, verirren. Er sucht es Herrn Ludwig gleichzutun in Sprache, Miene und Haltung, und bildet sich ein in dieser übermanierirten Manier Liebespoesie verkörpern zu dürfen. Wer seinen Don Carlos oder seinen Karl VII sah, lobt an diesem jungen Schauspieler nur den tadellosen Wuchs; wer seinen Plato in den Malern, seinen jungen Rantzau, selbst seinen Landry gesehen hat, giebt sein bildsames Talent noch nicht verloren. Oft wechselt Gut und Schlecht jäh auf einander: im Spiele wie in der Geberde. Junker Bugslaff schneidet im 1. Akt die erbärmlichsten Fratzen und ist im 2. Akt, da der Lachs nicht dem süßen Wasser nach geht, ein bildhübscher und liebenswürdiger Bub. Wer hat es Herrn Müller angeraten, seine kerngesunde Natur durch Herrn Ludwigs Narkosen zu erschlaffen? Es ist gefährlich, als ein Unfertiger in das Berliner Schauspielhaus zu kommen; und Herr Keßler darf sich glücklich preisen, schon einigermaßen fertig zu sein: man hätte ihn sonst vielleicht zu einem andern Liedtcke erzogen, denn das ist im Lande der Brauch.

Herr Keßler ist ein vornehmer, sicherer Schauspieler, welcher selten das künstlerische Ziel verfehlt. Wie seine

Schwester, ist er keine starke Individualität. Aber er hat künstlerisch reinere Sitten als Herr Liedtcke, obwol ihm der Blitzstrahl des Genies fehlt, welcher zuweilen durch den grauen Wolkenhimmel der Liedtckeschen Spielart zuckt und mitten in der Langenweile höchlichst belustigt. Als Conrad Bolz ist Herr Keßler im Ganzen charakteristischer, Herr Liedtcke im Einzelnen humoristischer. Jener würde im Ensemble des Burgtheaters eine schätzbare Kraft vorstellen, dieser wäre jetzt dort unmöglich. Vor fünfundzwanzig Jahren muß das anders gewesen sein. Herr Liedtcke erzählt selbst, daß Laube damals mit ihm einen Contract auf Lebenszeit abgeschlossen habe, und daß es nur der Energie des Herrn von Hülsen gelungen sei, diesen Contract durch Vermittelung allerhöchster Personen zu lösen. Herr Liedtcke blieb in Berlin und ist der bevorzugteste Liebling des Publikums. Seine Popularität hat von Geschlecht sich zu Geschlechte fortgeerbt, allen Zureisenden ist sie unverständlich; wer aber diesen merkwürdigen Schauspieler eine Weile beobachtet, gewinnt ihn schließlich lieb in allen seinen Schwächen. Mit genauester Sorgfalt lernt er seine Rolle Wort für Wort auswendig und spricht sie Buchstaben für Buchstaben im gleichmäßig langsamen breit auseinanderlaufendem Tone des Ostpreußen herunter. Er hält sich von groben Mätzchen ebenso frei wie von feinen Nuancen. Er geht nicht zur Rolle, sondern läßt die Rolle zu sich kommen. Das ist kein Fehler, wo das Receptionsvermögen so mächtig ist wie bei Baumeister und Niemann, den natürlichsten Schauspielern die heute leben. Herr Liedtcke aber ist eine kalte und spröde Natur. Nur selten kann er eine Rolle vollständig in sich aufnehmen. Meistens gleitet sie zum größern Teile von ihm ab. Er bleibt immer sich selbst gleich und, wenn er von Zeit zu Zeit seinen trockenen Humor aus der

Tasche zieht, um ihn dem hungrigen Publikum wie einen Brocken vorzuwerfen, so geschieht es bald auf die eine bald auf die andere bald auf die dritte Weise, eine vierte kennt er nicht mehr. Sein Gefühlsthermometer steht mit staunenswerter Regelmäßigkeit auf 1° über Null. Es friert nicht eben, aber es taut auch nicht, das Wetter ist trocken und fest wie Herrn Liedtckes Humor. Herr Liedtcke spielt viel, sehr viel, sogar den Weislingen und den Tellheim, bis vor kurzem auch den Tempelherrn. Das ist sein Unglück; und sein Unglück war auch jene Energie des Herrn von Hülsen. Unter Laubes Zuchtrute würde der damals noch bildsame Schauspieler ein Künstler geworden sein, und er hätte sich das Solospiel mit dem Parterre niemals angewöhnt. Herr Liedtcke ist das wertvollste Opfer welches die Kunst dem Regime des Herrn von Hülsen gebracht hat.

Wie zu ihm Herr Keßler stehen sollte, so müste Herr Müller zu Herrn Dehnicke gestellt werden. Es würde im Fache der Gecken und Naturburschen durch den hoffnungs= vollen Anfänger ein possenhafter Effekthascher ersetzt werden, dessen Spielmanier an die Harlekinade streift. Herr Dehnicke hat einen stabilen Gardeton und zerhackt kurzatmig die Worte. Das hindert ihn nicht, schmachtende Jünglinge mit ernstem Liebesgram vorstellen und Schillersche Jamben zu sprechen. In der Jungfrau von Orléans ringt mit dem Raoul des Herrn Liedtcke der Raimond des Herrn Dehnicke um die Palme der Lächerlichkeit. Spielt Herr Dehnicke große Rollen — er ist ein Helfer in allen Nöten — so reißt er durch seinen Mangel an Charakteristik eine Lücke ins Ensemble; spielt er Nebenrollen, so stört er das Ensemble durch Mätzchen. Der Schauspieler sollte auf Rosenkranz und Güldenstern beschränkt werden: schade daß er nicht Beide zugleich spielen kann, denn da er hundert fade Burschen auf eine und die nemliche Art spielt, so würde er auch diese Beiden zum Verwechseln ähnlich geben; und das ist es ja, was nach Goethes Meinung Shakespeare gewollt hat.—Bei uns ist der gegenwärtige Güldenstern ein Mann, der weder gehen noch stehen noch sprechen kann. Trotzdem bekommt man den Herrn fast so häufig wie Herrn Dehnicke zu sehen, bald als Wüstling, bald als alten Papa, bald als weithin rufenden Herold bald als streitbaren Ritter. In einem Benedixschen Lustspiele gibt er den gelehrten weitgereisten Doctor dem der Schalk aus den Augen lugen soll und den die lustige Ottilie zum Gemahl annimmt; Fräulein Abich ist zu schade für einen so trostlosen Partner und sollte sich Herrn Keßler ausbitten; was aber soll mit jenem und andern armen Leuten werden, welche sich daran gewöhnt haben Hofschauspieler zu sein? Wollte man sie entlassen, so würden sie brotlos werden; kein Theater könnte sie brauchen. Man pensionire sie und zahle Reugeld dafür, daß man sie anstellte!

Ungleich wertvoller als die beiden zuletzt Gemeinten ist Herr Link, welcher wenig und meist an unpassender Stelle beschäftigt wird. Er ist seiner Natur nach für Liebhaber im Duodezformat geschaffen, welche im Burgtheater an Herrn Thimig ihren Meister finden; Herr Link könnte ein trefflicher Partner des Fräulein Conrad sein, wenn er weniger Manier und mehr Natur besäße. Wo seine Natur, eine gewisse kokette oder verschämte Altjüngferlichkeit, zur Geltung kommt, kann er wirken. Als Bibliothekar entfesselt er Stürme der Heiterkeit, und künstlerischer als Herr Dehnicke würde er die Thisbe im Sommernachtstraum und den Schummrich in den zärtlichen Verwandten spielen. Auch für episodische Naturburschen stellt er seinen Mann oder vielmehr sein Männchen. Aus Not am Mann hat man ihm den grobschrötigen Knecht

Henning in Heyses prächtigem Bauernstücke gegeben, das er um die tiefsten und stärksten Wirkungen bringt, da sich seine hosentragende Altjüngferlichkeit nicht in diesem derben Charakter zurecht findet. Außerdem ist es ärgerlich, daß der ehrliche Hinterpommer auf einem norddeutschen Theater oberbairisches Platt redet. Herr Link spricht ch wie k überall, wo es nun eben nicht stimmt. Niemand hat es ihm, der seinen Collegen das Oberbairische der Geierwally nach Kräften beizubringen suchte, abgewöhnt. Wer freilich sollte den Henning spielen? Kein Andrer als Herr Liedtcke! Und wenn ganz Berlin und der Schauspieler selbst darob erzittert wäre! Seine trocken düstere Komik, seine breite Aussprache, seine langsame Führung würden das Wesen des gutmütig verschmitzten Kerls treffen. Freilich müßte der historische Schnurrbart fallen. Könnte Berlin und Herr Liedtcke ohne selbigen leben? Er ist ja das Wahrzeichen der ewigen Jugend des Bonvivants. Schlimm genug, wenn Herr Liedtcke sich eine solche Rolle selbst nicht mehr zutraut. Er sollte sich ein Beispiel nehmen an demjenigen Genossen, neben welchem er seit einem Menschenalter auf der Hofbühne wirkt.

Auch Herr Berndal hat einstmals als Max und Mortimer begonnen. Er spielt heute Buttler und Shrewsbury. Die verständige Tüchtigkeit dieses Künstlers hat ihn mit den Jahren auch im Rollenfach angemessen vorgeschoben. Er hat seine Rollen nicht immer in bessere Hände gelegt und es mag ihm hart angekommen sein, den Hamlet mit dem Geiste, den Tell mit dem Geßler zu vertauschen. Dennoch hat er es getan. Und er ist nicht schlecht dabei gefahren. Die Gunst des Publikums hat ihn vorwärts begleitet, und er hat sich diese Gunst selbst da verdient wo er genötigt wurde Döring zu ersetzen: als Nathan, als Hans Lange, vor allem in

seiner schönsten Leistung als Oberförster in Jfflands Jägern.
Herr Berndal überrascht nicht durch seine Charakteristiken.
Man sieht in der Regel voraus, wie er es machen wird.
Aber er zieht an durch die schlichte und edle Einfachheit
seiner Darstellung. Er ist der geborene Vertreter nord=
deutscher Biederkeit und Mannstüchtigkeit. Er spielt kernhaft
ohne Biedermeierei und hat für überlegene Partien den
Humor des Wolwollens. Niemand weiß so liebevoll zu necken
wie er. Wie ist er freundlich mit den Kindern, der rauhe
Marbod in der Hermannsschlacht. Sein Organ, von Natur
dürr und heiser, ist durchdrungen von Empfindung, die tief
aus dem Innersten kommt: Herr Berndal ist der Einzige unter
allen Berliner Hofschauspielern, welcher mit Geist und Seele
den tragischen Vers beherrscht. Alle andern sind Sklaven
des Accentes oder ihres eigenen Gehörs. Große Leidenschaft
gebricht dem Künstler, und er verfehlt die Wirkung, wenn er
sie, wie in den Monologen des Faust, erzwingen will.
Darum braucht Herr Berndal, ebenso wie die Herren Liedtcke
und Ludwig, eine stärkere Naturkraft neben sich, welche ihn in
jüngern Rollen ersetzt und in ältern ergänzt. Ein vor
Jahresfrist aus Leipzig herbeigeholter Schauspieler hat mit
seiner langweiligen Selbstgefälligkeit nichts ausrichten können.
Man wird ihn wol fortschicken, da Herr Nesper energisch
ins Auge gefaßt ist, der Wallenstein, Tell, Hermann und
Antonius der Meininger. Herrn Nespers Vorzüge bestehen in
dem Mangel an Fehlern. Das ist etwas, aber nicht
genug. Schwerlich ist er ein Schöpfer. Doch in Ermangelung
eines Genialeren hat man seine Anwerbung freudig zu
begrüßen. Ein Urteil kann aus den Gastspielen der
Meininger nicht gebildet werden; wenn er der Beste war, so
bedeutet das nichts bei dem Wert, der auf die künstlerische

Einzelleistung dort gelegt wird. Eines hat er wol gelernt: sich ins Ganze zu schicken.

Herrn Berndal wird er nicht entbehrlich machen. Dieser ist vor Allem ein Götz und möge es bleiben. Auch einen edlern und weisern Nathan dürfte trotz den Herren Possart, Förster und Lewinsky die deutsche Bühne heute nicht mehr aufbringen. Herr Berndal ist vom Genie seines großen Vorgängers so weit entfernt wie alle Anderen, aber unter den vielen lachenden Erben Dörings verwaltet er sein Kapitälchen am tüchtigsten.

Die gewaltige Erbschaft ist, wie es nicht anders sein konnte, in fünf bis sechs verschiedene Hände übergegangen. Man holte von auswärts Herrn Hellmuth-Bräm aus Meiningen herbei, aber die Eingesessenen, die Alten, wie man auf der Schule sagt, ließen ihm nichts mehr übrig, obwol dieser gebildete Schauspieler oft besser auf Posten stünde.

Als Haupterben Dörings dürfen die Herren Oberländer und Krause gelten. Sie hängen auch künstlerisch von ihm ab und bringen es in ihrer Darstellung bisweilen zu mehr oder minder glücklichen Copien des toten Meisters; am glücklichsten freilich sind sie in der Maske. Sieht man den wolbeleibten Herrn Oberländer als Bloom, Buschmann, Piepenbrink oder den schmächtigen Herrn Krause als Dorfrichter Adam, Papa Lebrecht oder Registrator Schnepf so glaubt man, der alte Meister sei wiedergekommen.

Ist bei Herrn Oberländer die äußere Aehnlichkeit stärker, so kann sich Herr Krause häufiger rühmen, Döring innerlich näher zu kommen. Theoretisch ist auch Herr Oberländer in seiner Kunst wol bewandert und geschickt: das beweisen seine brauchbaren Unterrichtsschriften, das beweist seine gut durchdachte und verständnisvolle Auffassung der Charaktere; er sollte eine Theaterschule gründen, die ja bekanntlich ein tief gefühltes Bedürfnis ist, oder eine Bühnendirektion übernehmen. Stets weiß er wie etwas zu machen ist; aber so sehr er sich auch quält, er kann es nur zeigen, nicht machen, und jemehr er sich quält, desto bedauerlicher verunglückt er. Seine absichtsvolle Vortragsweise deckt den Unterschied zwischen dem was ist und dem was sein sollte, erst recht auf; mit Schweiß und Fleiß allein schafft man auch auf der Bühne keine Menschen. Man kann sich Polonius und Falstaff nicht humorloser, den Musikus Miller nicht mit weniger Empfindung und Leidenschaft dargestellt denken als durch Herrn Oberländer. Warum macht man diesen Schauspieler nicht zum Regisseur, an dem es doch wahrlich fehlt, und überträgt sein Rollenfach im ganzen Umfange auf Herrn Hellmuth-Bräm, der zwar den Sultan Saladin und den König Claudius naturgemäß schlecht spielen muß und auch einen etwas erzwungenen Humor besitzt, aber selbst für allergeringfügigste Rollen die seiner knorrig treuherzigen Natur entsprechen, eine lebensvolle Gestalt findet? Seinen Arzt in den Rantzau und seinen Sklaven im Alexander in Korinth mögen Wenige bemerkt haben, denn der Schauspieler drängt sich nicht vor; wer sie bemerkt hat, fand einen Charakter. Man zieht ihm aber nicht blos Herrn Oberländer, der wenigstens versteht was er spricht, sondern auch metzgerartige Dickbäuche vor, welche als Totengräber im Hamlet (in Wien Herr Meixner), als Pachter Linde (in Wien Herr Krastel), als Vater Barbean (in Wien Herr Baumeister) und als Peter Squenz (in Wien Herr Arnsburg) ein künstlerisches Schlachtfest begehen.

Herr Krause wird jetzt viel beschäftigt, übernimmt aber

selten Rollen, die ihm nicht geziemen. Auch seine Leistungen
beruhen mehr auf Studium als auf Genie. Aber bei ihm hat
Fleiß und Schweiß Früchte getragen. Seine angeübten Künste
haben die Natur gefunden. Das hervorstechendste Merkmal
dieser Natur ist ein unvergeßlich im Ohr knarrender und knur=
render Ton, welchen Th. Fontane auch akustisch zutreffend den
Krauseton getauft hat. Wo der Krauseton paßt, paßt auch
Herr Krause, wo jener nicht paßt, paßt auch dieser nicht. Der
Ton verschließt dem Schauspieler alle tragischen Accente. Hier
kann Herr Krause, der viel Komik zu erzeugen weiß, leicht
unfreiwillig komisch wirken. Urprosaische Charaktere aber,
gutherzige und bösartige Philister, verschlossene einfache Naturen,
bärbeißige Alte und trockene Pedanten weiß Herr Krause mit
Wahrheit zu gestalten. Sein Forstwart Weiler im Erbförster
ist ein Meisterstück welches ihm einst die Sympathien Laubes
erwarb. Sein Dorfrichter Adam, eine Döringcopie, hatte sich
vor drei Jahren auf der Münchener Künstlerparade sogar den
Beifall der Wiener Kritik erobert.

Wie Herr Krause, so verdankt auch Herr Kahle (als
Andres) sein Meisterstück dem Erbförster. Wie jener, ist auch er
durch die Schule Laubes gegangen, und Laube setzte auf ihn
noch größere Hoffnungen als auf jenen. Wie jener ist auch
dieser klein und unbedeutend von Gestalt und mit einer pro=
saischen Trockenheit des Wesens behaftet. Aber er hat ein
volles, klangreiches Organ, das ihn zu rhetorischen Leistungen
fähig machen würde, wenn er eine tiefe Seele, wie Herr
Lewinsky oder Herr Berndal, hineinzulegen vermöchte. Seine
Stimme klingt an, aber dringt nicht ein. Herr Kahle bleibt
kalt und läßt kalt, und ebendarum können auch seine Böse=
wichter weder Furcht noch Zorn wecken. Wem man das Herz
nicht glaubt, dem glaubt man auch die Herzlosigkeit nicht.

Richard III. ist ohne Empfindung so wenig zu spielen wie ohne
Humor; und würde Herr Kahle Nathan den Weisen geben, so
wäre er von seinem Shylock nicht zu unterscheiden. Mit Herrn
Possart oder Herrn Haase läßt sich über Auffassung und Wieder=
gabe heftig streiten. Das ist bei Herrn Kahle, selbst wenn er
etwas falsch gemacht hat, nicht möglich, weil er seine Charaktere
nur spricht, nicht gestaltet. Herr Kahle bewahrt in Haltung
und Manier jene Anständigkeit, ohne welche er schwerlich das
Interesse Laubes erregt hätte, aber ist zu wünschen daß,
wie neben den Herren Ludwig, Liedtcke und Berndal so auch
neben ihm ein mächtigerer Charakterspieler und Intrigant
stünde. Daß der neugewonnene Herr Plaschke es sein wird, ließ
sein Philipp nicht hoffen. Früher hatte man Herrn Klein,
welcher in der Gunst des Publikums und eine Zeitlang auch
in der Gunst der Behörde Herrn Kahle stark gefährdete. Noch
nach drei Jahren hat Th. Fontane seinen Fortgang auf dieselbe
Verlustliste mit dem Tode Dörings und der befürchteten
Verabschiedung des Fräulein Conrad gesetzt. Herr Kahle
kommt aus der Künstlerschule Laubes, während Herr Klein
aus der Virtuosenschule Haases kommt, den er in über=
triebener Theatermanier nachahmt. Im Burgtheater hat man
seine maskirte Bösewichterei und seine keuchenden Gurgeltöne
ausgelacht. Herr Kahle ist vornehmer. Was ihm freilich am
empfindlichsten fehlt, ist Humor. Neuerdings verlegt er ihn
vorwiegend in die gefletschten Zähne und in die Extremitäten.
Al Hafi watet mit gespreizten Beinen und seltsamen Knie=
beugen umher, als wolle er nicht am Ganges Menschen,
sondern im Ganges Frösche suchen.

Nirgends habe ich den Mangel an Humor bei einem Schau=
spieler mit tieferem Mitleide empfunden als in einer Vor=
stellung der Komödie der Irrungen, wo Herr Kahle den einen,

Herr Vollmer den andern Dromio gab. Herr Vollmer war seinem Zwillingsbruder bereitwillig entgegengekommen und spielte in der Manier des Andern, ohne wie als Pyramus den Eindruck einer Travestie hervorzurufen; er spielte natürlich und wirkte komisch; Herr Kahle spielte in seiner eigenen Manier unnatürlich und wirkte mit den gleichen Gesten gar nicht. Es war gefährlich für ihn, auf einen Vergleich mit dem Komiker sich einzulassen, denn Herr Vollmer ist nicht nur Komiker.

Dieser glückliche Schauspieler, in der rüstigen Kraft seiner 34 Sommer, wirft einen Hoffnungsanker in die bessere Zukunft des vornehmen Kunstinstitutes aus, das ihn nach langem Zaudern endlich erkannt hat und nach Gebühr beschäftigt. Seit zehn Jahren arbeitete sich Herr Vollmer mühsam aber sicher empor. Es ging sicher, weil sich seine Talente auf die Dauer nicht verleugnen ließen, und es ging mühsam, weil seine Talente sehr bald den Neid der Götter erregten, welche am Gensdarmenmarkte, wie überall in der Welt, keine anderen neben sich dulden. Er wurde anfangs fast nur in chargirten Domestikenrollen beschäftigt, als Lakai, Reitknecht, Kellner, und zog in einer solchen, freilich sehr ansehnlichen Bedientenrolle zum ersten Male die Teilnahme größerer Kreise auf sich: als Valentin im Verschwender. Das tiefsinnige Volksstück ist mit Mathilde Mallinger gekommen und leider auch gegangen. Valentin hat sein Roserl verloren. Aber wie der durchtriebene, um hohe Herrschaften herumflanierende Livréebediente sich zu einem schlichten, aber herzhaft und klug empfindenden, selbständigen und, wie seine sechs Kinder bezeugen, auch schaffenskräftigen Tischlermeister sich aufarbeitet, so ist auch Herr Vollmer ein Meister seiner Kunst geworden: kräftig schaffend, wahr, einfach, geistvoll und herzhaft. Als durch Hiltls Tod ein Rollenfach, durch Dörings Tod das künstlerische Prinzipat frei geworden war, rückte Herr Vollmer in beide Stellen ein.

Der Schauspieler ist ein Theaterkind. Seine Mutter war die Sängerin Mara, sein Vater soll ein durch glänzende Erscheinung und gewinnende Gaben ausgezeichneter Heldenliebhaber gewesen sein. Der Sohn hat die gewinnenden Gaben, aber nicht die glänzende Erscheinung geerbt, und man erzählt, daß es dem jungen Künstler einen Kampf gekostet habe, auf das Heldenfach zu verzichten. Von der Mutter hat er neben reicher musikalischer Begabung, die sich schöpferisch betätigt, eine klangvolle Stimme geerbt, aber auch sie reichte zum Heldentenor nicht hin. Herr Vollmer ist trotz seinem schlanken, wolgebildeten Körper und seinem ausdrucksvollen, von schwarzem Haare umlockten Liebhaberkopfe, trotz einem melancholischen Zuge auf den Lippen zum Charakterkomiker geboren. Sein Gesicht besitzt neben oder vielmehr unter einer großen Schönheit zwei kleine Unregelmäßigkeiten, welche nicht häßlich aber komisch wirken; es ist ein seltsam auf der sonst normal und energisch herausgebildeten Nase vorspringendes Erkerchen, und es ist besonders eine Reihe blendend weißer, aber mächtig großer oberer Vorderzähne, welche stets bereit sind, mit den feinen Lippen ein lustiges Versteckensspiel zu treiben. Das ist Alles, und dieses Wenige entwickelt so viel Komik, daß die an Helmerdings bizarre Erscheinung gewöhnten Berliner zu schallendem Jubel fortgerissen werden. Was freilich diese Komik spielend heraufbeschwört, ist jene große Schönheit, der Ausdruck zweier sprechenden Augen. Aus ihnen wirft der zaghaft tapfere Fähnrich im Damenkrieg einen unsäglich treuherzigen Blick sehnender Hoffnung zur Dame seines Herzens empor; aus ihnen sticht, die Lider gesenkt, der närrische, in seiner ver=

meinten Gentlemanschre gekränkte Schneider Gibson die Nadel=
spitzen seiner plebejischen Rachsucht heraus, und dieselben stark
umnebelten Augen heftet derselbe Schneider Gibson, selbst im
roten Jagdfrack steckend, plötzlich auf den Rock seines Nach=
bars, um festzustellen, wo der Rock einen Fehler hat und daß
er nicht bei ihm, Gibson, gemacht ist und daß er, Gibson,
ein Schneider, jeder Zoll ein Schneider ist. Herr Vollmer
ist für Mosersche Possen zu schade; wie einst Döring, so wird
auch er sein Hauptfeld bei Shakespeare finden. Er sollte statt
des Okelli den Polonius, statt des Schlehwein den Benedict
spielen. Als Zettel gibt er die Rüpelkomödie auf drei bis
vier verschiedene Arten und man bedauert immer, nur eine
sehen zu können. Die geniale Copie seines Collegen Romeo
hat man unkünstlerisch und unshakespearisch gescholten. Unwill=
kürlich traf er aber vielleicht das Richtige, denn Pyramus
und Thisbe sind von Shakespeare als eine parodistische
Selbstironie gedacht, und neben Romeo und Julia läuft der gleich=
altrige Sommernachtstraum als Liebeskomödie neben der
Liebestragödie. Man soll mit dem guten Zettel nicht so
streng ins Gericht gehen, weil er ein guter Pyramus ist.
Man muß aber diesen Zettel=Pyramus kennen, um zu
wissen, was ein par geistfunkelnde Augen vermögen. Aus
seinem Sommernachtstraume erwachend, reibt er sich die
verschlafenen „dummen Augen", schaut ängstlich und immer
ängstlicher nach seinen Genossen umher, und beginnt mit
einer tiefsinnigen Eselsmiene sich in seinem äußerst raren
Gesichte zurecht oder vielmehr nicht zurecht zu finden.
Der ganze Charakter tritt in solchen Momenten aus dem
Innern des Körpers hervor an die Fenster, um von dort
aus den Armen und den Beinen, den Fingern und den

Mundwinkeln zu befehlen, wo sie bleiben und wohin sie gehen sollen.

Wo die Augen herrschen, wohnt Seele, und Seele offenbart sich am besten im lächelnden Auge. Man sehe von Herrn Vollmer den Lindauschen Theateragenten: die freche Unsauberkeit des berufsmäßigen Gelderpressers glotzt aus den kalten Augen dieses genialisch auffrisirten Graukopfes und ihrem gleichmütig rohen Lächeln entgegen; man glaubt es dem Dänenprinzen, daß Einer lächeln kann und immer lächeln und doch ein Schurke sein. Man sehe aber auch den jungen, unbeholfenen, von Mutter und Tante vernachlässigten freundlichen Träumer: mit Schmetterlingsnetz und ländlichem Rocke tritt er auf, mit langsamer sanfter Stimme, mild lächelnd, stellt er über einen Käfer sinnige Betrachtungen an, ohne Sentimentalität, ohne Pedanterie; man sieht es schon: eine Resignation hat hier das sehnende Herz still aber entschlossen zur Ruhe beschieden; dieser Träumer liebt heimlich das schönste Mädchen, ohne zu ahnen, daß sie ihn wiederliebt. Er schweigt, sie muß reden. Da bricht ein Jubel in dem stillen Jungen aus, da sprühen und blitzen diese tiefen Augen, da wird der scheue Bücherwurm ein lebensfroher Mann! Diese Rolle, aus Hebbergs Strohhalm, stellt Herrn Vollmer in die erste Reihe auch der jugendlichen, so zu sagen der naiven Liebhaber.

Ueberhaupt sind dieser vielseitigen Natur noch keineswegs bestimmte Grenzen gezogen. Im verflossenen Winter hat der Künstler ein halbes Dutzend Charaktere geschaffen, oft von gestern zu heute, alle anders, alle lebendig: der Ratsherr aus Krähwinkel, ein grauer klappriger freundlicher Herr mit zahnlosem Munde und bornirter Selbstgefälligkeit, der bramarbasirende Tattersalmeister mit frech abgeguckter Eleganz,

im Tone geistloser Renommisterei, halb Pferdestall, halb
Patchouli, die nobel sein wollende Unfeinheit in Person,
aristokratische Plebs; das bildungsstolze und bis auf seine
alten Tage minneselige Gelehrtenfaktotum und der unver=
schämte Geck in Jägeruniform. Die schwächlichen Autoren
haben in Herrn Vollmer ihren hilf= und siegreichsten Ver=
bündeten; er macht ihre Sünden gut, hat sich aber selbst
eine Sünde angewöhnt. Da er es so häufig mit üblen
Texten zu thun hat, so verlor er den Respekt vor dem
Dichterworte und überdichtet nicht blos die Herren Gensichen
und Günther, was ihm vergeben sei, sondern auch Gustav
Freytag, was er sich umsomehr ersparen sollte, als er im übrigen
einen genialen Bellmaus vorführt. Freytag dachte sich ein rot=
wangiges Kerlchen, blond an Locken oder braun, mit offenem
Sinn und blauen leuchtenden Augen; er würde dieses Bild
am getroffensten durch Herrn Thimig in Wien wiederfinden.
Herr Vollmer dagegen erscheint als schmaler, blasser, höchst
kurzsichtiger junger Mensch, mit Brille und pomadirtem Scheitel,
und mit den fortwährenden Mienen und Geberden eines
Mannes, der nicht gleich finden kann, was er notwendig
braucht; ein still staunender Ernst liegt über dem ganzen
Gesellen; und durch die gutmütige Finsternis dieses Gesichtes
leuchtet nur bei zwei Gelegenheiten ein kindliches Lächeln:
wenn eine Dame erscheint und wenn es gilt den Busenfreund
und Quälgeist Bolz herauszustreichen. Der Dichter würde
über diese Gestalt erstaunen, aber er würde seine Freude
daran haben, denn kein von ihm angedeuteter Zug fehlt dem
Gesammtbilde, das einzig die Schöpfung des Schauspielers
ist; vielleicht würde er erst durch Herrn Vollmer ganz erkennen,
wie meisterhaft ihm selbst sein Bellmaus geraten ist, denn
wie in jedem echten Schauspieler, so liegt auch in jeder

echten Bühnengestalt etwas Proteisches, sodaß jener in dieser, diese in jener sich selbst finden kann. —

Blicken wir noch einmal zurück auf die Leute des Herrn von Hülsen: wie selten haben wir Proteusnaturen gefunden, wie oft waren sie durch ihr Talent auf einen engsten Kreis gebannt, und wie viel öfter traten starre Köpfe vor uns hin, welche die Kunst der Menschendarstellung nach der unerschütterlichen Lebensmoral üben: „Ich bin ich und setze mich selbst!" So oft sie einen Menschen auf der Bühne vorstellen, könnte man milde wie Portia von diesem sagen: „Gott schuf ihn, also laßt ihn für einen Menschen gelten."

Dennoch suchen diese Schwachen auf der Bühne ihre bürgerliche Figur, ohne mit sich eine Metamorphose vornehmen zu können, möglichst nach vorne zu drängen, niemand ist da, der ihnen Halt gebietet und lehrend und wehrend über dem Ganzen herrscht. Leider tun sie es nur den Mächtigen nach; und da auch hier Macht vor Recht geht, so ist auch hier Frau Frieb allen voran. Welche Macht sollte diese Künstlerin auch über sich anerkennen? Den Intendanten, dem sie die Leute ins Theater zieht? Den Direktor, den sie vor 10 Jahren als bescheidenes Nebenfigürchen aus der Provinz kommen sah und der trotz seiner Ehrenstellung nicht unbescheidener hat werden können? Nein, das liebe Ich darf ungenirt den Thron besteigen, zur Rechten die Künstlereitelkeit, zur Linken den Künstlerneid und als Schoßhündchen die Lust zu herrschen und zu intrigiren. So erhebt sich Thron neben Thron; der Herr Direktor diplomatisiert devotest hin und her und sucht nach Kräften zwischen und mit den Großmächten Frieden zu halten. Oft gelingt es ihm, da die Großmächte einen gemeinsamen Feind an den Kleinen haben, welche groß werden wollen, und zumal an denen, welche groß werden können. Da gilt es, die liebe Mittelmäßigkeit ringsumher zu hätscheln, auf daß über die lichtstrahlenden Throne kein Schatten husche.

Diese unterhaltende Kriegsführung, ein krampfhaftes Hinaustreiben der einzelnen Person kennzeichnet den Darstellungsstil des Berliner Hoftheaters. Statt eines Zusammenspieles eine Sammlung von Solospielern. Wer sich noch, wie Herr Vollmer, zum Teile eines Ganzen machen will, wird es bald aufgeben, da man nicht Teil sein kann, wo kein Ganzes ist.

Wer aber auf dem Isolierschemel sitzt, langweilt sich, er sucht Gesellschaft, und da er zu den Mitspielern keine Beziehung wünscht, so wendet er sich an die dunkle Menge über die Lampen hinweg. Aus dem Solospiel entsteht das Spiel mit dem Publikum, das nicht auf die Hofbühne, sondern in die Harlekinsbude gehört; Herrn Liedtckes ganze Komik beruht darauf, und wenn Vater Barbeau durch die Augen der Grille fascinirt werden soll, so glotzt er in den dritten Rang hinauf. Die Wiener würden solche Anscherzungen für einen Schmarren erklären und ablehnen; das Berliner Publikum fühlt sich geschmeichelt, denn es nimmt, wie jedes Theaterpublikum, hin, was man ihm bietet. Man sollte aber nicht allzu fest auf die indifferente Langmut der Abonnenten, der Freiplätzler und der faustfröhlichen Besatzung des dritten Stockes bauen. Zuweilen bricht das Krüglein welches zu Wasser geht. Es gibt noch ein anderes Publikum welches sich längst daran gewöhnt hat, über das Königliche Schauspiel und seine Mitglieder gute und schlechte Kaffeehauswitze zu machen, teils weil die Veranlassung dazu vorhanden ist, teils weil es zum guten Ton gehört und einen feineren Kunstgeschmack beweist. Nichts ist trauriger als daß solche oft von Unberufenen gewagten Scherze ein gewisses Recht haben. Ein drittes Publikum, welches sich zwar nicht um die Shlipse des Herrn Ludwig oder um die Hüte des Fräulein Barkany bekümmert, aber im Theater in eine poetische, dem Stil des Dramas entsprechende Stimmung versetzt sein will, spricht vom Schauspielhause weder im Guten noch im Bösen; ihm ist es seit vielen Jahren etwas Selbstverständliches, dort nicht hinzugehen. Wollte ich aus diesem dritten Publikum Namen nennen, so würde ihr Klang nachdrücklichere Zeugnisse ablegen als die Aperçus der Kaffeetrinker und Cotillontänzer.

Wer den Besten seiner Zeit genug
Getan, Der hat gelebt für alle Zeiten.

Schillers oft citirtes Wort, das seine klassische Beziehung auf einen großen Schauspieler hatte, müßte seinen Sinn umkehren, wendete man es heutzutage auf die erste Bühne Deutschlands an: Wer den Besten seiner Zeit nichts gewesen ist, hat aufgehört zu leben.

Hier drängt sich die gerechte Frage auf, ob es nicht anderwärts ebenso ist, und ob nicht überhaupt die Besten unserer Zeit den innern Anteil an der Schauspielkunst verloren haben. Die Frage ist zu verneinen. Es gibt noch gute Theater, und ein gutes Theater, das fest und aufrecht in alten Traditionen steht, hat auch ein gutes Publikum. In Paris lebt seit Molière, in Kopenhagen seit Holberg eine künstlerische Ueberlieferung. welche an diesen Dramatikern und Dramaturgen einen ewigen Maßstab zur Höhe besitzt. Dem Burgtheater in Wien widerfuhr nicht das Glück, seine Tradition an einen großen Dichternamen zu knüpfen. Die geistigen Kräfte waren in Deutschland auch hier zersplittert. Wien konnte sowenig wie Berlin ein nationaler Mittelpunkt werden, wie ihn das große Frankreich und das kleine Dänemark hat. Was aber in Deutschland sich von Splittern einer schauspielerischen Tradition zusammenlesen ließ, wurde für das

Burgtheater wie in einem großartigen Korbe eingeheimst. Das Hauptverdienst gebührt zwei Männern, die bei geringer dramatischer Schöpfermacht an dramaturgischer Kraft und künstlerischer Einsicht weder Molière noch Holberg noch irgend einem Deutschen etwas nachgaben: Schreyvogel und Laube. Durch sie kam trotz größten Schwierigkeiten eine Tradition auch der deutschen Schauspielkunst zu Stande, und es ist die verantwortungsschwere Aufgabe Adolf Wilbrandts, sie in Wien festzuhalten.

Aehnliche Ziele hat einst am Berliner Gensdarmenmarkte Iffland erstrebt. Sein begonnenes Werk fand im preußischen Hof= und Nationaltheater keine Fortsetzer. Es folgten zu Berlin dilettantische Aristokraten, welche im Theater ebenso wie in den Museen der bildenden Künste durch Unverstand, Protektionsgelüste und andere noble Passionen die Kunst und die Künstler verdarben. Drüben in den Museen sind sie heute durch Kunstgelehrte ersetzt worden; es ist das Verdienst des deutschen Kronprinzen und der Frau Kronprinzessin, die feudalen Zöpflein abgeschnitten und die Herren von Olfers und Usedom in Gnaden entlassen zu haben. Vom Theater muß man noch immer mit Chamisso sagen: „Der Zopf, der hängt ihm hinten."

„Jammerschade ist es", meint Laube von Immermann, „daß namentlich Berlin, damals unter der Intendanz des Grafen Redern, nicht den Verstand gehabt, eine solche drama= turgische Kraft zu verwerten. Er besaß Energie, Geist, poetische Bildung und hatte eine saure Vorschule hinter sich."

Damals — man schrieb 1837.

Genau dreißig Jahre später stieg Laube selbst von der stolzen Höhe der Wiener Burg herab und blieb fürs erste

Privatmann. Wiederum war eine dramaturgische Kraft, eine unvergleichbar stärkere, zu verwerten.

Eben um dieselbe Zeit wuchs der Geschäftskreis des preußischen Generalintendanten um das Doppelte an. Während sich bisher nur die Oper und das beliebte Ballet mit dem Schauspiele unter seiner Botmäßigkeit zu vertragen hatten, kamen nun die drei auswärtigen Hoftheater der annektirten Länder hinzu. Auch jetzt noch fühlte sich Herr von Hülsen stark genug, ohne einen selbständigen Dramaturgen auszukommen. Laube ging nach Leipzig, und in Berlin avancirte der Opernregisseur zum Schauspieldirektor.

Gegen die Personalunion mit Hannover, Cassel und Wiesbaden wäre an sich nichts einzuwenden. Sie könnte vielmehr einen Blütenglanz auf die gesammte deutsche Schauspielkunst werfen, wenn die auswärtigen Bühnen zu einer Art praktischer Bildungsschulen für Berlin entwickelt würden. Ueberall und auch im nahen Potsdam müßten tüchtige Bühnenpädagogen (vielleicht ist Herr Oberländer ein solcher) berufen sein auf Talente zu fahnden, Talente zu bilden und Naturen zu sich selbst zu führen. An Schauspielern von Talent und gutem Willen fehlt es heute so wenig wie früher. Wo ein Meister da ist, sind auch Schüler. Was wäre Lewinsky und die Wolter ohne Laube geworden? Auch nach 1867, in Leipzig und am Seilerplatze, hat Laube noch eine Fülle von Künstlern gebildet, welche unter seiner steten Führung dem Berliner Schauspielhause und in diesem sich selbst genützt hätten.

In Berlin selbst hätte Laube vor sechzehn Jahren drei junge Schauspieler gefunden, von denen Einer, Herr von Hoxar, Berlin verließ, um irgendwo in Süddeutschland ein flotter liebenswürdiger Bonvivant zu werden. Die beiden

Andern, Herr Robert und Herr Friedmann, ein Held und ein Charakterspieler, verließen Berlin, um im Wiener Stadttheater, wo Laube dirigirte, sich ihre Manieren abzugewöhnen. Einige Jahre später kamen zwei junge schöne Damen nach Berlin, die Eine wirkte im Victoriatheater in kleinen Rollen mit, die Andere spielte im Schauspielhause selbst eine Saison lang die muntern Liebhaberinnen; Niemand erkannte ihr Talent; Niemand hielt sie fest in Berlin; ihr guter Genius schickte sie nach Wien zu Laube, und durch ihn wurden die beiden einsilbigen Kathis bewunderte Lieblinge des Publikums. In Leipzig fand Laube zwei Künstlerpaare von reichem Talente; das Eine, der Mann ein Kraftgenie, die Frau eine temperamentvolle und kluge Naive, ging ans Burgtheater, wo es seine Plätze von Andern besetzt fand; dieses Paar konnte ohne Laube seinen künstlerischen Geschmack nicht über Bord halten; wäre es aber von Laube auf vornehmer Bühne ins erste Glied gestellt worden, so würden Herr und Frau Mitterwurzer erste Künstler sein; das andre Paar kennt und schätzt man in Berlin, denn an die Namen Claar-Delia knüpfen sich die guten Tage des Residenztheaters.

Herr Claar hat Laubes Dramaturgenschule dort bewährt und eine Reihe schauspielerischer Naturen entpuppt und entlarvt, während im Schauspielhause Talente, die einer Stütze bedürfen, entarten oder verkommen, da man sie grade zu Puppen und zu Larven macht, indem man ihnen berühmte Muster, z. B. Herrn Ludwig und Herrn Liedtcke zur Nachahmung empfiehlt. Man hat keine Empfindung dafür, daß jede nicht parodistisch gemeinte Copie unkünstlerisch ist, weil ein Künstler individuell sein muß. Vollends aber leitet eine Copie Berliner Hofschauspieler auf Irrwege, da die meisten dieser Herren und Damen keinen Charakter, sondern günstigen Falls einen Typus vorstellen, der ob passend ob unpassend alle Rollen wie ein Sauerteig durchdringt. Herr Ludwig der Held, stellt den Typus eines verstimmten Weichlings, Herr Liebtcke der Lebemann, den Typus eines nüchternen Sarkastikers vor; bei vielen, zumal den Damen, ist selbst dieser Typus so matt, daß es nicht verlohnt ihn zu bezeichnen.

Solche Typen sind lediglich im Lustspiele zu verwerten, dessen Charaktere sich auch oft auf einen moralischen Typus zurückführen lassen, und da auch die wenigen schöpferischen Genies im Schauspielhause ihre Gestaltungskraft auf die komische Gattung des Dramas beschränken müssen, so ist dem Repertoir schon durch die Künstler selbst eine bestimmte Richtung gegeben. Das bürgerliche Drama, zumal das humoristische, wird darnach mit Vorliebe gepflegt, und hier geschieht es zuweilen, daß abgesehen von unvermeidlichen Stillosigkeiten eine anschauliche Gesammtdarstellung ans Licht kommt.

Das feinere Lustspiel freilich schließt sich aus. Die klassische Komödie unserer Nationallitteratur, Lessings Minna von Barnhelm ist in den Hauptrollen durchaus unzulänglich besetzt, und wenn man die neueren Franzosen, wie Augier und Sardou, schlechterdings ignorirt, so kommt zu den moralischen und patriotischen Vorwänden wohl auch das Gefühl der Unfähigkeit hinzu. Schwerlich würde man sich im letzten Brief Herrn Liebtcke als Prosper Block und in den Fourchambault Fräulein Stollberg als Madame Bernard gefallen lassen. Ebenso hat unter den neuern deutschen Lustspieldichtern grade der Vornehmste den wenigsten Boden in Berlin gefunden, vielleicht weil Bauernfeld ein Wiener ist, vielleicht weil seine Arbeit in der Darstellung weder Derbheiten noch Sentimentalitäten duldet.

Sentimentalität und Derbheit aber sind die Elemente worin man im Schauspielhause untertaucht und auch die echten Humoristen, wie Frau Frieb und Fräulein Conrad, ihre Schwimmkunst geübt haben. Das ist noch erfreulich, so lange hinter den Werken eine gesunde Natur steht, wie Iffland dort und Benedix hier, die man beide nicht verachten soll; sie haben Millionen deutschen Frauen und Jünglingen ungezählte Tränen gekostet, Tränen der Rührung und Tränen der Lust. Iffland hat ein gutes Recht auf derjenigen Bühne fortzuleben, welche er einst als Direktor und als Schauspieler auf einen Gipfel gehoben hat, von dem sie erst nach seinem Tode immer tiefer hinabfiel; und wenn von Benedix noch fünf oder sechs Lustspiele in denen Frau Frieb oder Herr Liedtcke ihr Bestes bieten, am Leben erhalten sind, so verdient es der treue und tüchtige Mann, welcher dem deutschen Volke in trüber Zeit ein heiterer Gesellschafter war, umso eher als seine Art so wenig wie die Ifflands von Spätern übertroffen worden ist. Auf Iffland folgten Kotzebue und die Birch-Pfeiffer; jener ist begraben, diese möge es werden, denn da ihrer theatralischen Geschicklichkeit Geschmack und Wahrheit fehlt, so verdirbt sie den Geschmack des Publikums und die Natur der Schauspieler; weg mit den Grillen!

Auf Benedix folgten die Wichert und die Moser, welche nichts Besseres, oft Schlechteres können als er. Mosers Bibliothekar gehört schon zu Wallner; aber es hatte Interesse einmal auf der Hofbühne festgestellt zu sehen, wie weit unser heutiges Lustspiel in den burlesken Unsinn hineingekommen ist, und wie oft sich in jeder Woche ein Hoftheaterpublikum dafür zusammenfand.

Weit mehr als Moser werden freilich die Berliner Augiers und Sardous begünstigt, durch welche das Schauspiel-

haus von der äußersten Grenze des Derben her wiederum in das sentimentale Fahrwasser einlenkt, denn der schmiegsame Franzosenlehrling Lindau ist eine von Augier gesichtete Version der Birch=Pfeiffer, und der merkantilisch angelegte Lubliner ein von Sardou revidirter Kotzebue. Dieselbe Couleur in Grün! pflegt der Berliner zu sagen. Selbst=
verständlich tat Herr von Hülsen nur seine Pflicht, wenn er diesen Vertretern des heutigen Weltstadtsdramas seine Bühne offen hält, und es wäre so unklug wie unrecht, wollte er Lindau verabschieden. Schauspielerisch freilich sind auch die Stücke dieser Autoren bei ihm nie voll zu ihrem Rechte gekommen. In Maria und Magdalena und in der Frau ohne Geist treten die vielen Rohheiten der Arbeit hervor, die verschiedenen Feinheiten zurück, ganz und immer am Platze steht hier nur Frau Kahle.

Neuerdings ist ein Autor hinzugetreten, der es sich zum Gesetz macht, für die gegenwärtigen Hofschauspieler als eine Art litterarischen Hofschneiders Leibrollen anzufertigen. Eine Kunst, die sich glänzend bewährt. Nie ist Aehnliches im Schauspielhause aufgeführt worden wie Frau Aspasia und die Märchentante. Nie aber hat die Schauspielkunst dort so wie in diesen Stücken triumphirt. Selbst Fräulein Abich und Fräulein Barkany verstanden es, Plumpheit in Grazie zu verwandeln. Wären doch die Dichter oft so gefällig! Daß man auch den Schauspielern immer zumutet, etwas Anderes als sich selbst zu spielen.

Ach, du lieber Gensichen! ist voraussichtlich der sehnsuchtsvolle Stoßseufzer, mit welchem Fräulein Barkany an jede neue Rolle geht, die weder ein Ballkleid noch sentimentale Wehrufe braucht.

Und aus Mitleid mit Fräulein Barkany und ihresgleichen

vermeidet es wol Herr von Hülsen, bürgerliche Dramen vorzuführen, in welchen Kraft und Wahrheit lebt und die mit logischem Verstande und psychologischer Gestaltung ins Werk gesetzt sein wollen.

Wenn Herr von Hülsen heutzutage Kraft und Wahrheit suchen will, so muß er sein Fernrohr gen Norden richten, und er hat es gethan; allerdings entdeckte sein Scharfblick nur Molbech und Hedberg. Ibsens Stützen der Gesellschaft sah man an drei Berliner Vorstadtbühnen erscheinen und mit diesen Bühnen verschwinden; Björnsons Fallissement muß auf gelegentliche Gastspieler warten; andere Stücke dieses Dichters kennt man in Berlin überhaupt nicht, und Ibsens Nora ließ man im Residenztheater verpfuscht fallen. Daß man aber dieses merkwürdige Stück überhaupt wagte, zählt mit zu den Verdiensten Claars: ohne ihn hätte man in Berlin die Norweger so wenig wie die Franzosen kennen gelernt, und er war es, der unter den Deutschen mit sicherm Geschmack Adolf Wilbrandt den Vorzug gab, seitdem man diesem bedeutendsten Poeten unter den jüngern Dramatikern im Schauspielhause den Dienst gekündigt hatte.

Den guten Schauspielern der Hofbühne ist durchweg ein deutschbürgerliches, sozusagen germanisches Wesen eigen, das sie von berühmten Künstlern des Burgtheaters und des künftigen Deutschen Theaters unterscheidet. Dieses Wesen käme grade Björnson und Ibsen zu Statten. Mancher Künstler würde über sich selbst hinauswachsen, wenn man ihn endlich auf fruchtbaren Grund stellte, und auch dem Publikum würde der Unterschied klar zwischen naturwahrer und plumper Wiedergabe seiner bürgerlichen Leiden und Freuden. Statt dessen entzieht man den Künstlern den Boden der für sie brach liegt und führt sie auf das Glatteis der hohen Tragödie.

Es ist selbstverständlich, daß auf einer ersten Bühne diese nicht auszuschließen ist, aber es ist auch selbstverständlich, daß auf einer ersten Bühne diese nur in würdigen Formen auftreten dürfte. Mit puren Lustspielkräften lassen sich nicht die Jambentragödien Schillers und Goethes vorführen. Der ideale Stil Weimars hat sie geboren, und solange sie ihren berechtigten Platz auf der Bühne behaupten, muß ein idealer Duft sie umfließen.

Der Hamburgische Realismus kann ihnen nicht gerecht werden; was sie durch ihn an Fleisch und Blut gewönnen, schädigt ihr eigentliches Wesen. Durch die Charaktere müssen, wie auf den großen Entwürfen eines Cornelius, die Ideen hindurchleuchten. Auch hohle Declamation, wie sie in Dresden und München beliebt wird, prägt ihren Inhalt nicht aus, denn in den hohen Worten stecken tiefe Gedanken. Am wenigsten freilich geziemt ihnen die Barbarei des Berliner Solospieles.

Beim bessern Berliner Theaterpublikum sind die klassischen Vorstellungen des Schauspielhauses schon längst in einen gelinden Bann getan; wenn zwei litterarisch Gebildete einander dort begegnen, so schlagen sie wie verschämt die Augen nieder, als hätten sie sich auf einer Dummheit ertappt; man schämt sich seines Theaters, das Tragödien aufführt, obwol es nur einen Künstler hat, der den Blankvers spielend beherrscht, und Niemand der tragischer Accente mächtig ist. Kein Wunder, wenn die verwegenen Tragödiendichter unserer Epigonenzeit, welche sich dann und wann auf die Hofbühne wagen, jammervoll in diesen Klippen Schiffbruch leiden. Nicht blos Bodenstedts Faschingsballete, sondern auch ernste Dichtwerke wie Wilbrandts Kriemhild verfallen hier dem Fluche unfreiwilliger Komik, die freilich vom unbehaglichen Gefühl des Aergers abgelöst wird, wenn Herr Ludwig dem süßen Minnegeplauder der jungen Königin lauschen soll und dabei sein bezaubernd schlichtes „Mir scheint Du liebst mich!" im Tone ironischen Staunens spricht. Unter solchen Verhältnissen ist es kaum zu wünschen, daß ein so tief angelegtes und fein gesponnenes, grade wegen seiner Schwächen behutsam zu behandelndes Werk wie Paul Heyses Elfride hier bestäubt werde, und daß das reifste und reinste Werk dieses Dichters, der Alkibiades, hier seine wundervoll hehre Sprache stammeln lasse.

Mit geringer Ausnahme bedarf unsere deutsche Verstragödie neueren wie älteren Datums der schauspielerischen Anempfindung und Nachhilfe, da der dramatische Pulsschlag in ihr vielfach latent ist. Es hat sich zum Dogma ausgebildet, Tasso und Iphigenie seien nicht bühnenfähig; aber sie würden erst recht auf der Bühne im Glanz ihrer idealen Reinheit aufstrahlen, wenn vier oder fünf echte Rhetoriker (nicht Deklamatoren) neben einander wirkten; und ebenso könnte der erste Teil des Faust seine Wirkung niemals verfehlen, wenn man sich nicht wie in Berlin nur mit einer Marthe Schwerdtlein begnügte. Diese Goetheschen Charaktere wollen vom Schauspieler geschaffen sein.

So bühnenmächtig, daß er allen mimischen Vernichtungsschlägen stolz die Stirne bietet, ist nur der einzige Shakespeare; und wenn er im Schauspielhause verhältnismäßig stärker als Andere wirkt, so liegt das Verdienst nicht beim Schauspielhause, sondern bei dem Dichter selbst, der ja sogar durch die Recitationen der Palleske und Türschmann nicht zu ertöten war. Herrn Oberländers Falstaff, Herrn Kahles Shylock, Fräulein Meyers Julia, Herrn Müllers Lorenzo — alle diese Darstellungen fallen ab wie Eierschalen, wenn das Vögelchen sich selbst den Weg ins Leben bahnt.

Wie aber Shakespeare nur selten zu verderben ist, so schürt er andererseits wie kein Zweiter das Feuer eines frei schaffenden Talentes.

Für das Genie der Frau Frieb dichtete er nur Juliens Amme; er scheint unserer Künstlerin drei Jahrhunderte, bevor sie lebte, das Gewand schnittgerecht gemacht zu haben. Die beiden Andern, die im Schauspielhause noch erfüllt sind vom Geiste Shakespeares, haben sich zur Errettung des Sommernachtstraumes vereinigt. Wenn nach dem zweiten Akte Pucks rotes Röckchen neben dem grauen Kittel Zettels des Webers vor die Gardine tritt, so steht in diesem Bilde symbolisch der phantastische Realismus des genialen Schwanks vor uns, welcher in seinem kühnen Wollen und vollendeten Gelingen den Gipfelpunkt der Kunst Shakespeares bezeichnet. Umgaukelt von Musik zieht ein Wunderschifflein durch die Alltagswelt und scheint alle Poesie wie einen unendlichen Ballast über Bord zu werfen, wir dürfen nur zugreifen und nehmen was uns gefällt. Aber auch das wird uns im Schauspielhause trauriger Weise erschwert. Märchenhaft Süßeres kann die Sprache der Menschen nicht sagen, als mit den Worten Titanias und Oberons; aber die Elfenkönigin bedarf der dünnen Aermchen und des noch dünneren Discantes so wenig, wie ihr Gemahl der vollbusigen Körperlichkeit, in welche die Worte hineingeschluckt zu werden scheinen. Die Berliner Aufführung darf sich bei Zettel und Puck, Mendelsohn und Shakespeare bedanken, im Uebrigen ist sie grundschlecht und poesielos. Hippolyta und Hermia betonen kaum einen Vers richtig, die Liebespare gähnen sich an, und die Handwerker

hält zwar der energische Zettel mit geistigem Bande zusammen
aber ein freiwilliges Entgegenkommen findet er nur bei
Schlucker (Herr Krause) und Schnauz (Herr Will, der für
kleinste Rollen brauchbar ist), die drei andern, schon in der
Erscheinung widerlich, wissen von Shakespeare soviel wie die
sieben Söhne Adams von der Liebe. Aus Peter Squenz,
der ein dünkelhafter verhockter Bücherwurm ist, wird ein
Dickwanst gemacht. In der anmutig aufgebauten Waldterrasse
geht es seltsam unter den Elfen zu; gleich der erste Elf, der
die erste längere Rede zu halten hat, spricht wie ein fünf=
jähriges Kind, das seine Geburtstagswünsche aufsagt. Titania
erscheint mit einem Rattenschwanz von Gefolge, als wäre sie
ein Regimentscommandeur der die Parade abnimmt, und
zwar hat sie teils unerwachsene, teils sehr erwachsene
Elfen um sich: jene üben vor dem Souffleur allerhand Sprünge
aus, diese umstehen als breitschultrige (auch Fräulein Kopka von
der Oper zählt mit) weißgekleidete Jungfrauen Titanias
Blumenbett und singen sie in Schlaf, indem sie (mir ist
besonders Fräulein Horina erinnerlich) einen Arm von sich
strecken. Hat nun die Phantasie, die sich kleiner Elfen Geister=
größe denken soll, einen Halt bei den Kindern oder bei
Fräulein Kopka? Wie konnte man diese Sängerinnen sicht=
bar auftreten lassen? Geheimnisvoll aus den Blumenkelchen
und vom Laub der Zweige muß ein schmeichelnder Gesang
erklingen; Titania aber darf nicht im Paradeimarsch auf=
und abziehen, sondern als ein rechter Spuk, der ist sie,
erscheint und verschwindet sie plötzlich. Im Dresdener Hof=
theater durchschwirrt in dieser Scene allerlei zartes Nacht=
getier, Grillen, Motten, Fledermäuse, den Raum und kündigt
die Gegenwart der Königin an; da alles ihrer wartet,
erscheint sie selbst

Im letzten Akte verschweigt der gegenwärtige Darsteller des Theseus Verse, welche der Schlüssel für das Geheimnis der Dichtung und das klassische Programm aller Poesie sind:

Des Dichters Aug' in schönem Wahnsinn rollend,
Blitzt auf zum Himmel, blitzt zur Erd' hinab,
Und wie die schwangre Phantasie Gebilde
Von unbekannten Dingen ausgebiert,
Gestaltet sie des Dichters Kiel, benennt
Das luft'ge Nichts, und giebt ihm festen Wohnsitz.

Mit goldener Schrift sollte man diese Worte drucken! Mit gehobener Stimme müste sie der Schauspieler sprechen: ich möchte Lewinsky hören! Hier ist auch eine Wendung zum Publikum statthaft, wie sie Puck im Epilog sich erlaubt. —

Ich habe die einzelnen Beispiele für die Poesielosigkeit des Berliner Aufführungsstiles aus dem Sommernachtstraum gewählt, weil er seit drei Jahren das zugkräftigste und dauerhafteste Repertoirstück ist, und Shakespeare ihn gedichtet hat, den auch Herr von Hülsen als einen mächtigen Verbündeten schwacher Schauspieler anerkennt und dem er daher einen breiten Platz im Repertoir gesichert hält.

Je mehr aber die Hofbühne dem Genius selbst quantitativ huldigt, desto träger folgt sie den Spuren Shakespearischen Einflusses, soweit sich derselbe durch die deutsche Dramatik des letzten Jahrhunderts zieht.

Shakespeare hat unserm Drama die höchsten Ziele gesteckt. Zu ihm flüchtete sich Lessing vor dem Formenwesen französicher Klassicität. Zu ihm schworen die Jugendwerke Goethes und Schillers; seine Kunst mit der antiken zu verschmelzen, waren Kleist wie Grillparzer jeder auf seine Weise bestrebt, und auf sie folgte Otto Ludwig als Shakespearestudent par excellence.

Die Prosadramen unserer Klassiker, in denen für die Bühnenwirkung das Größte geschaffen ist, stehn selbstverständlich im eisernen Repertoir; obwol sie aber dem Talente der Schauspieler bessere Nahrung geben als die späteren Jambenstücke, so atmet doch keines dieser neun oder zehn Stücke auf der Bühne jenen besonderen Geist, der wie in jedem guten Hauswesen, so auch in jedem guten Drama lebt und die Atmosphäre bestimmt. In den Räubern soll böhmische Waldluft sein, bei Millers und Walters drückende Schwüle. Wo empfindet man etwas davon? Wie heimlich vertraut müste aus der engen Wohnstube der Geschwister echte Goethestimmung herauswehen! Wie unheimlich muß es in Marinellis Nähe nach Blut und Stickluft riechen! Nichts von alledem spürt man. Den traurigsten Eindruck macht Götz von Berlichingen, dieses meisterhafte Lehrlingswerk in welchem die deutsche Poesie guter Hoffnung geht. Eine Stümperhand zog Striche, sodaß die Scenen auseinanderfallen. Niemand, dem das Stück unbekannt ist, erfährt was eigentlich vorgeht.

Aber wenn man diese Kernstücke nationaler Größe, für die es stets ein Publikum gibt und geben soll, auch verstümmelt, man bringt sie wenigstens vor. Ein gleiches Glück wird dem preußischsten aller deutschen Dichter in Berlin seit lange schon verwehrt. In den vierziger Jahren machte die Hofbühne sogar mit Kleists Familie Schroffenstein Versuche. Jetzt fehlt, seitdem Herr Urban abging, der Prinz von Homburg; jetzt ist, seitdem Döring starb, der zerbrochene Krug nur im unfruchtbaren Spätsommer einige Male zu sehen; den vor acht Jahren geglückten Versuch mit der Hermannsschlacht gab man den Meiningern Preis, und Kätchen schläft Gott weiß unter welchem Hollunderbaume. Richard Wagner behauptet von Kleist, seine Dramen seien das Probestück der echten deutschen Schauspielkunst. Fürchtet man in Berlin diese Probe zu machen? In Berlin wo Heinrich von Kleist der poetische Localheld sein sollte? Aber Wagner hat Recht; Kleist fordert ganze Künstler. Wem für Hermann die persönliche Macht des Herrschers, für Wetter vom Strahl die dämonische Kraft des Mannes, für den Prinzen der traumhafte Schwarmgeist des Jünglings fehlt, gehe hin und lese in Mädchenpensionaten Hannchen und die Küchlein oder Kinkels Otto den Schütz vor; er gebe es auf ein Held der Bühne zu sein! Aber ganz verraten würde Kleist von den tüchtigeren Lustspielkräften auch jetzt nicht sein. Die naturwahre Charakteristik und die knappe Gedrungenheit seiner Sprache steht wie ein Kreuzwegweiser unter den Gattungen des Dramas da und erzwingt sich die Bühnenwirkung, sobald Verständnis und einige Kraft ihr entgegenkommt. Jeder Monat sollte in Berlin einen Kleistabend bringen! Was mag Herr von Hülsen gegen diesen Dichter einzuwenden haben? Hat er ihn nur vergessen?

Sogar der Oesterreicher Grillparzer kommt noch eher zu seinem Rechte, wiewol die Darstellung von des Meeres und der Liebe Wellen ein Muster ästhetischen Unrechts war. Kaum wünscht man nach dieser Erfahrung Medea und Sappho herbei. Otto Ludwigs Erbförster kam spät, die Makkabäer gar nicht: und den armen Hebbel bemühte man sich, dadurch systematisch in Mißcredit zu bringen, daß man einem Bayreuths noch ungewohnten Publikum seine Nibelungen vorsetzte. Wo aber blieb Judith? Wo Maria Magdalene?

Alle diese Stücke kraftvollen dramatischen Inhalts boten sich Herrn von Hülsen schon als Novitäten an, aber Herr von Hülsen war von jeher für zeitgenössische Production ein zugeknöpfter Mann, wenn sie nicht aus der Schule von

Benedix und der Birch-Pfeiffer kam. Er wagt nichts mit jungen Talenten und läßt lieber Andre ins Feuer greifen. Auf den Trümmern des Victoriatheaters erst musten sich Herr von Wildenbruch und seine Karolinger den Siegesweg über deutsche Bühnen erschließen, bevor der Harold im Schauspielhause den längst erbetenen Einlaß fand. Was mag Herr von Hülsen dem Verfasser geantwortet haben, da er vor Jahren anklopfte? Etwa so: Schreiben Sie, bitte! Komödien! Modernes, junger Mann! womöglich lustig's Zeugs! liebt Publikus! Können wir spielen! Haben Komiker! Fort mit den alten Charteken!

Das geschah einst. Das Blättchen drehte sich. Der vielfach verspottete Tragödienassessor erwachte eines Morgens als neuer Shakespeare. Es half nichts; Harold muste heraus. Der Abend kam, Publikus jubelte, der Dichter auch; er erwies sich dankbar und brachte den verehrlichen Lustspielkräften und sich selbst zu Gefallen das nächste Mal Modernes — Opfer um Opfer!

Nicht jedem Dichter wird es so gut bei Herrn von Hülsen, welcher seine Theorie vom geregelten Dienstverhältnis auch auf die Autoren anwendet. Amüsante Enthüllungen hat darüber kürzlich Paul Lindau gemacht.

So wenig wie die Schauspieler auf den Berliner Hofbühnen einem mitempfindenden Lehrmeister begegnen, so wenig begegnen die Autoren dort einem anempfindenden Nachdichter. Diesen wie jenen tritt der ehrenfeste, straff und stramm ins Zeug gehende Soldat entgegen, dem der Dienst oberstes Gesetz der Kunst ist und der erwünschten Falls von seinem Hausrecht Gebrauch macht, wo der Wunsch des Dichters zum wenigsten gehört sein muß.

Herr von Hülsen ist ein Mann nahe den Siebzig. Von ihm kann eine Aenderung seiner Prinzipien weder erwartet noch verlangt werden. Aber vielleicht blickt er selbst, da er sein vornehmes und ehrwürdiges Kunstinstitut in seiner Weise liebt, nicht ohne heimliche Besorgnis auf den energischen Nebenbuhler, der das hauptstädtische Publikum hinaus in die Friedrich=Wilhelmstadt einlädt. Wer auch in der Kunst von den Segnungen der freien Concurrenz überzeugt ist, wird dieses Unternehmen freudig begrüßen. Aber alte Liebe rostet nicht, und unsere Hoffnung gehöre nach wie vor der Bühne am Schillerplatz! Mit schwunghafter Freiheit steigt Schinkels hehrer Bau, ein Sinnbild ernst und heiterer Kunst, empor. Eben jetzt ist man dabei, sein Aeußeres würdiger zu schmücken. Möge auch die Kunst, die im Innern ernst und heiter geübt wird, endlich anfangen, sich ihrer erhabenen Stätte würdig zu zeigen!

Dem Jubilar indessen sei aufrichtigen Gemütes ein langes und glückliches Alter gewünscht, in **beschaulicher Ruhe**!

Wilhelm Jsleib (Gustav Schuhr), Berlin, Wilhelmstraße 124.